貧しい人を助ける理由

遠くのあの子とあなたのつながり

著者：
デイビッド・ヒューム
David Hulme

監訳者：
佐藤寛

訳者：
太田美帆 土橋喜人
田中博子 紺野奈央

Should Rich Nations Help the Poor?

日本評論社

SHOULD RICH NATIONS HELP THE POOR? (1st Edition)

by David Hulme

Japanese translation published by arrangement with
Polity Press Ltd. through The English Agency (Japan) Ltd.

謝辞

本書の論考は、私の所属するマンチェスター大学グローバル開発研究所（GDI）[◇1]の同僚や学生たちが与えてくれた知識の蓄積と学問的刺激のたまものである。特にすべての原稿を読み、貴重な意見をくれた同僚たちには感謝したい。トニー・ベディントン、ダン・ブロッキントン、クリス・ジョーダン、ソフィー・キング。また分析に関する専門的な指導をしてくれた同僚たちにもこの場を借りて感謝したい。ニコラ・バンクス、アルマンド・バリエントス、アドモス・チモウ、サム・ヒッキー、ヘイナー・ジェイナス、ウマ・コタリ、ファビオラ・マイレス、ジェームス・スコット、クナル・セン、ローデン・ウィルキンソン、パブロ・ヤンガスギル。GDIの事例研究ゼミの博士課程の学生からのコメントやアドバイスも大変役に立った。GDIの私の専任助手の、デニス・レッドストンは、（いつものように）数えきれない程の量の仕事を終えることを可能にさせてくれた、この場を借りて改めてお礼

◇訳注1　かつてマンチェスター大学に存在した開発政策マネジメント研究所（IDPM）とブルックス世界貧困研究所の2つの研究機関を統合して2016年に発足した新しい研究機関。

を言いたい。

最初に本書の構想を描いてくれた、ポリティー出版社のルイス・ナイト氏には、素晴らしい指導と思慮あるコメントを頂き、そして何より原稿を書き始めてから書き終えるまでずっと励まし続けて頂いたことに、深く感謝している。ルイス氏のポリティーの同僚である、ネカネ・タナカ・ガルドスとパスカル・ポーチェロンも、入稿から製本まで私をサポートしてくれた。ジャスティン・ダイヤーは、原稿をより読みやすく編集する手助けをしてくれた。

最後に、数えきれないほどの人々に心から感謝したい――国連機関の代表者からNGOのフィールドワーカーたち、そしてバングラディシュの小さな村で暮らす貧困層の女性たち――彼らは何年にもわたり私が「1つの世界」で生きるとはどういう意味なのかを理解することを手助けしてきてくれた人々なのである。

日本語版への序文

デイビッド・ヒューム

本書の英語版が刊行された2016年以降も、世界は驚くほど急激に変化している。2016年の初めに金持ち世界で感じられていた不安定さ、経済の先行きの不確実性と不安感は、右翼的な新民衆主義的政治の津波に飲み込まれてしまった。アメリカでは「アメリカ・ファースト」の政策を掲げたドナルド・トランプが大統領に就任した。イギリスはEUから離脱することを投票で決めた。フランスでは国民戦線のマリナ・ルペンが大統領になるかと思われた。オーストリアでも、ハンガリーでも、オランダでも、その他のヨーロッパ諸国でも、右派の政治団体や指導者が勢力を伸長している。新興国では「強いリーダー」（ロシアのプーチン、中国の習近平など）が政治的影響力を拡大しているし、フィリピンではドゥテルテ大統領が超法規的な処刑を推進している。

マンチェスターから眺めていると、こうした情勢にもかかわらず、日本の社会的政治的な動向は欧米諸国やその他の地域ほど劇的には変化していないように見える。歴史の教科書の記述をめぐる議論はあるようだが。西側から見ていると、北朝鮮の核開発問題は日本（と韓国）にとって急速に脅威の度を増しており、欧米における東アジアの現状についての報道はこの問題に終始している。

このように急速に変化する環境の中で、本書の中で展開した金持ち国の政府や国民が世界の貧しい人々（彼らがどこに住んでいようとも）を助けるべきだという道徳的な義務や責任論は、あまりにもナイーブだと思われてしまうかもしれない。しかし、私はそうではないと思う。多くの金持ち国の政府と国民が、過去の理想的「国家」――それは20世紀の姿だろうか、あるいは18世紀だっただろうか、それとも15世紀だっただろうか、いつにせよ歴史上のある時点で主権が絶対的に存在し、「外国からの移民」などが存在していなかった姿――に回帰しようとする現在だからこそ、国外の場所と遠くに住んでいる人々の存在が、現在の金持ち国の今日の経済的進歩と富の源泉と深く結びついていたのだと指摘することは、ますますもって重要なことだと思う。アメリカは移民なしには高い生活水準を享受する地球規模の超大国になることはなかったであろう。イギリスは植民地からの原材料なしに工業化と経済成長を達成することはできなかったであろう。日本は世界への輸出なしにあれほど急速な工業化をすることはできなかっただろう。

世界の貧しい人々を助ける理由は道徳的な議論ばかりではなく、「相互利益」の議論でもある。日本のような金持ち国の国民が将来においても、持続可能で安定的な、物質的にも豊かな世界を生き続けることを望むならば、新民衆主義（neo-populism）者が主張するような

「ゼロサム」分析を拒否しなければならないし、外国人の経済的な地位が向上すると自国民の経済的地位が低下するというような議論も拒否しなければならない。ノーベル経済学賞のアンガス・ディートンが解き明かしているように、「我々は皆等しく『地球規模の開発』のただなかにいる」のである。我々金持ち国の国民と政府は、協力してすべての人類が良い生活を送り、将来世代の未来の展望を維持できるよう、世界の資源を分かち合う方法を見出さなければならない。

思想家であるピーター・シンガーの言う「1つの世界」ほど、今日の様々な問題を解き明かす考えは他にないであろう。ちっぽけで、人口過密で、互いに密接につながりあっているこの地球《ほし》の上では、遠いところの問題はすぐに別のどこか（もちろん金持ち国を含む）に波及する。それは予期せぬ移民の波であったり、新たな健康問題であったり、麻薬・薬物（とそれに付随する犯罪と暴力）、国家の安全に対する脅威、サイバー攻撃であったりする。安定的で、持続可能で、繁栄した未来を作るためには、貧困状態や適切な統治がなされていない場所に生きる人がほとんどいないような世界を作らなければならない。

では、現在の地球規模の開発の状況はどうなっているのだろう。どのような問題があり、金持ち国にどのような可能性が開けているのだろうか。そして、どのような公共政策が必要なのだろうか。私の伝えたいメッセージは、「国際開発（international development）」は「グローバル開発（global development）」へと枠組変更されなければならない、というものである。単に貧しい国々を助けるために、対外援助や北から南への供与を行うだけではなく、金持ち国は貿易政策、金融政策、環境管理、技術開発、労働移動、不平等の是正その他の政策を「一本化された政策群」として追求しなければならない。そうした諸政策は結果として、貧しい国々の社会経済的な改善により効率的に寄与するであろうし、我々自身の子どもたち、孫たちにとってもより良い世界をもたらしてくれるはずである。金持ち国は、世界が安定と相互の裕福さと持続可能性に向かって進むことができるような、真の地球規模のパートナーシップを作り出さなければならない。

グローバル開発のための「一本化された政策」アプローチへの移行は、単なる手続きや制度の移行ではない。金持ち国の意識の高い市民と市民団体は、より貧しい国々の意識の高い市民や市民団体と歩みをともにしながら、国内外の開発をめぐる政治経済に関与していかなければならない。「これまで通り」を支持する既得権益集団と戦わなければならない。包摂的な開発のためのより効率的な地域、国家単位、そして地球規模のネットワークを創出して、違った世界を創り出すためには、どのような行動が必要かを常に考えなければならない。このために必要な行動には、「誰も取り残さない」を国家政策のゴールに据えること、我々は「1つの世界」に生きていることを認識すること、外国人がいつも問題だという「ゼロサム世界」のイメージを拒否すること、などなど様々な「思想をめぐる戦い」への参戦もあれば、炭素排出を減らすこと、フェアトレード商品を買うこと、リサイクルをすすめること――これは日本が世界の先端を走っている分野である――など「ライフスタイルを変えること」も含まれるし、政党や、政策陳情や抗議運動に参加することも含まれる。開発目標の達成のために、貧しい人々や国々を助けることは決して容易なことではない。しかし、少なくとも我々はどんなことでも小さな一歩から始めることはできるはずだ。

あとは、本書を読んでもらうことにして、本書の日本語版の成り立ちについて触れたい。私はこの本の日本語訳作業に取り組んでくれたすべての友人たちに感謝している。本書に登場する「金持ち国（rich nation）」や「道徳的義務（moral duty）」「慈善（charity）」といった多くの概念や理念を日本の文脈に沿って適切に訳することは容易な作業ではないからである。特にアジア経済研究所開発スクール（IDEAS）の佐藤寛氏（サトカン）はこの翻訳プロジェクトを先導してくれた。2016年夏に千葉のアジア経済研究所を訪問したときに翻訳の話が出て、その年のクリスマスにマンチェスターでクリスマスプディングを食べ（そしてクリスマスの紙の王冠をかぶり）ながらプロジェクトが正式に始まったのだった。

翻訳の話はサトカンから持ち出され、彼は翻訳チームを率い、私が用いる英語に内在している西洋的な概念――これが国際開発の世界を支配しているのだが――について私に質問した。私はサトカンの翻訳提案と翻訳作業における知的貢献に深く感謝しているし、湧き出るエネルギーを持つ彼と一緒に仕事するのはとても楽しい。翻訳チームの田中博子氏、土橋喜人氏、太田美帆氏、紺野奈央氏にも感謝したい。マンチェスター大学で田中氏の博士論文を私が指導したのはずいぶん前であるし、ドビー（土橋氏）の修士論文を指導したのはさらに前の話である。しかし大学教育に携わる者にとってかつての教え子と、同僚として、また同業者として再会し同じプロジェクトに携わることができるのは望外の喜びである。マンチェスター大学のグローバル開発研究所（Global Development Institute）では、デニス・レッドストンは（いつも通り）私が脱線することを防ぎ、翻訳チームとの連絡や締め切りに原稿を間に合わせる労をとってくれたし、クリスマスランチのアレンジをしてくれたのも彼女である。ありがとうデニス――彼女は今、たっぷり働いたご褒美として退職後の人生を楽しんでいる。本書の日本語版実現のための事務手続きを担ってくれたポリティー出版社と日本評論社の担当者、とりわけ本書の翻訳出版を後押ししてくれた道中真紀氏にもお礼を申し上げたい。

最後に、私の感謝をジョージアナ――私の助言者にして妻――にささげたい。私の感謝の気持ちは無限に大きいつもりだが、過去45年間私が世界中を飛び回ることに対して示してくれた彼女の無限の忍耐とすべての支援に比べたらちっぽけなものだということを私は知っている。

貧しい人を助ける理由——遠くのあの子とあなたのつながり　目次

第2章　対外援助の限界　43

第3章　何ができるのか？　71

1

なぜ遠くの貧しい人のことを心配しなければならないのか

金持ちの国々とそこに暮らしている人々は、不平等な世界がもたらす結果を日々の生活の中で経験する機会がますます増えている。

その結果の大半はお金を持っている我々に有利なものである。中国製の安価なガーデン家具や、おしゃれで低価格なバングラデシュ製の服が手に入り、ガソリンも手頃な価格で給油できる。

ただし、良いことばかりではない。北欧からバカンスに行く人は地中海のビーチには近づかないようにしている。なぜなら難民の遺体が流れ着いたりしたらバカンス気分が台無しになるからである。大陸ヨーロッパでは、ますます増えている移民労働者と難民をめぐる議論が緊迫している。西の端ではフランスとイギリスが、カレー市近くの難民キャンプをめぐって喧嘩をしているし、東の端では欧州連合（ＥＵ）と非ＥＵ諸国との間に新たな「鉄のカーテン」が作られようとしている。

ヨーロッパだけではない。私が前回メキシコからアメリカ合衆国に旅行したときに見たのは、ティウアナ国境を通過しようとする長蛇の列が1マイル以上に及んでいる光景だった。

富を謳歌している現在のこの地球上に、こんなにも多くの貧困と不平等があることに気づけば、金持ち国とその国民たちは、自分たちと遠くの貧しい人々との間にどのようなつながりがあるのか、嫌でも考えないわけにはいかないだろう。

極度の貧困は近年大幅に減少してはいるものの、貧困の根絶には程遠い。地球上のおよそ30億人の人々は、飲み水と食料、住居、基本的な保健医療サービスという3つの基礎的人間的ニーズの少なくとも1つが十分に満たされていない。こうした人々にとっては、教育の機会や人間としての尊厳などはさらに遠い。昨夜、8億人は空腹を抱えたまま眠りにつき、10億人は屋外で用を足すという屈辱を経験しているはずだ。さらに心痛むことには、今日1日で1万9000人の子どもが死につつある。それも容易に予防可能な原因だというのに。毎日毎日、5秒間に1人、死ななくてもいい子どもが死んでいくのだ。

我々◇1の祖父母世代、そしておそらく父母世代の人々は、こうした不平等な状況を受け入れることに抵抗は少ないかもしれない。彼らは、こうした悲劇が起こるのは、すべての人類に供給するのに十分な資源（と技術と組織）が不足しているためだ、と信じていたからである。しかし、モノにあふれた現代世界に生きている我々の世代はこの言い訳を使うことができない。我々の農業システムは70億人の全人類を養えるだけの食料を生産している。低価格な薬、基礎保健サービスと簡単な予防措置（用足し後の手洗い、蚊帳の中で寝ること）で、毎年数百万人の命を救うことができるようになっている。世界全体の収入のほんのわずか1パーセントを最も貧しい地域に振り向けることさえできれば、1日1・9米ドル以下で生活する人たちの数をゼロにすることができるはずなのだ。◆1

過去四半世紀にわたって、我々は前例を見ない世界的な経済蓄積を経てきた。にもかかわらず、なぜ避けることのできる苦しみや予防可能な死がこんなに大規模に起こるのだろうか。新聞の一面見出しやマスコミによる報道は、極度の貧困は緊急事態や災害に伴って起こるという印象を作り上げている。確かに、シリアの内戦のように人為的な災害もあれば、カリブ海のハリケーン、アフリカの洪水、アジアの地震のような自然による災害もある。しかしこうした人道危機だけが原因なのではない。極度の貧困の真の原因をより注意深く探っていくと、実は決してドラマチックなものではなく、私たちのありふれた日常の積み重ねに起因していることがわかるのだ。例えば、賃金が安いこと、生産性を向上させる農業技術へのアクセスが欠如していること、金貸しに借金がたまっていること、大企業が利幅を追及する

◇訳注１　著者のヒューム教授は１９５２年生まれ。

◆原注１　２０１５年以降、世界銀行の「極貧」ラインは１日当たり１・９米ドル（２０１１年購買力平価）に設定された。それ以前は１日１・25米ドル（２００４年購買力平価）であり、ほとんどの考察ではこれが貧困線の基準として扱われている。２０００年に設定されたもともとの世界銀行の極貧ラインは１日１・08米ドルであり、「１日１ドル」ラインと呼ばれた。

ためのビジネスモデル、銀行家が自分たちのために投資先を決め多額のボーナスを取っていくこと、基礎的な社会サービスの質が低いこと、政府が決定し実施する（あるいはし損なう）公共政策の質の悪さなどの複合的な積み重ねの結果、人々は貧困状態に陥るのである。

私は、金持ち国と恵まれた人々が、遠くの貧しい人々を助けようとするときの考え方は人によって大きく異なっていることに、幼いころから気が付いていた。

1960年代半ば、リバプール郊外の比較的居心地のよい公営住宅で、イギリス国営放送（BBC）がインドの飢饉について放送していたとき、私の両親はかなり異なる反応をしたものだ。母はイギリス政府がインドの人々に食料を送るべきだと主張した。もし人々が飢えているなら、飢えていない人は彼らの食料を分け与えるべきだからだ。これに対して父親はインドの人々は去勢手術を受けるべきであると考えていた。インド政府がそれを実施すべきであって、それが自発的なものであるかはあまりこだわるべきではない、と。イギリス政府ができることはインドの当局者に資金と医学的知識を支援することである。根本的な問題は食料へのアクセスではなく、人口過剰にある、というわけである。

50年後の今も、こうした立場の違いは依然として存在している。私の両親の間にではなく、メディアの中でだが。

慈善団体のテレビでの募金キャンペーンは貧しい国の貧しい子どもたちへの寄付を訴えて

いる。ＢＢＣの「Children in Need」◇2キャンペーンは、慈善心以上のなにかに訴えようとしている。同キャンペーンは英国政府のアジア全域での女児の小学校・中学校完了プロジェクトと、アフリカでの女性器切除回避プロジェクト◇3の成功を宣伝している。言いたいことは明らかだ。「あなたの寄付するほんのわずかなお金でも、家庭やコミュニティレベルに大きな変化をもたらすことができる」ということだ。そして、「もしそうだとすれば、それをする

◇訳注2　英国国営放送（ＢＣＣ）が主催し、１９２７年以来毎年11月に行われる募金活動。集まった募金は恵まれない子どもたちのために使われる。放送による募金勧奨以外にも学校や職場での募金イベントが行われる。日本でも１９５１年（昭和26年）から「ＮＨＫ歳末たすけあい」募金が同様の趣旨で毎年12月に行われている。これは国内の福祉の増進を目的としたものだが、１９８３年（昭和58年）からは「海外たすけあい」募金も開始され、日本赤十字社を通じて海外の災害救援、難民支援、開発協力等に使われている。

◇訳注3　思春期前の女児を対象として、女性器の一部を切除あるいは切開すること。アフリカ、中東地域で宗教・文化の一部として行われることが多いが、切除施術が非衛生的な環境で行わることが多いこと、女児の苦痛を伴うことなどから、１９７６年〜１９８５年の「国連女性の10年」以降、普遍的人道主義の立場から批判されるようになった。ただし、欧米主導のこうした批判は文化的な価値観を伴うことから、現地の人々からの反発もある。

のがあなたやあなたの政府の『道徳的義務』ではないのか」という問いかけがこのキャンペーンには暗黙の裡に込められているのだ。

対照的な意見が保守系のメディア（アメリカのFox News、イギリスのDaily Mail紙）から表明される。こうしたメディアは援助プログラムは非効率的であると主張し、被援助国での汚職などにスポットライトを当てて、援助資金が無駄遣いされていると主張する。彼らは、恵まれたよそ者が貧しい国の貧しい人々を支援する方法は人道活動以外にはほとんどないときっぱり言うのである。裏を返せば、貧しい人を助けることは私たちの仕事ではない、と示唆しているのだ。貧しい国と貧しい人々は、自分たちで何とかするべきなのだ、と。

本書で私はこうした相反する意見を検討し、「金持ち国は貧しい人々を助けるべきなのか」を吟味する。私は、金持ち国は貧しい国と貧しい人々が繁栄と人間開発を達成するのを助ける「べき」だ、と主張したい。いや「べき」どころではない。恵まれているものが、貧しい人々を助けないなどということは、愚の骨頂である。なぜなら、貧しい人を助けることは道徳的に正しいことはもちろんだが、それだけではなく、自己利益の追求にも繋がるからだ。将来にわたる先進世界の国民（と子どもたち、孫たち）[◇4]の幸福のためには、遠いところに住む見ず知らずの貧しい人々を助けることが必要なのである。

冒頭に紹介した移民問題は、地球規模の貧困と不平等を先進国の人々に気づかせる話題だが、こうした話題は移民問題にとどまらない。エボラウィルス（以降、エボラ）の流行もこのことをまざまざと突きつける。２０１４年にエボラが西アフリカで猛威を振るったとき、ヨーロッパ、北米、中国、日本の保健当局はこの疫病の上陸に備えて詳細な計画を練った。万が一エボラウィルスが空気感染するように変異するという最悪の事態に陥ることをとても恐れたからだ。しかし、それまで金持ち世界では、西アフリカでのエボラ問題に対する対応は遅々としていた。エボラ熱は数十年前から存在が知られていたが、予防薬・治療薬の研究はほとんどなされていなかったのだ。貧しいアフリカ人が死ぬだけなら、だれも研究開発費を払いはしないからだ。30年前にも同じことがあった。アフリカで始まった病気に対して迅速な対応をしなかったことがＨＩＶ／ＡＩＤＳ（以下、エイズ）を地球規模の流行病になることを許し、欧米など金持ち国で数百万人の命を奪う事態になったのである。そして、次にはジカ熱が控えている（写真1・1参照）。

我々は、過去の失敗から教訓を学べないのだろうか？　この小さな、人口稠密で、ますま

◇訳注4　Wellbeingという言葉をここでは「幸福」と訳したが、「福利」「健康」という意味もある。本書にしばしば登場するこの言葉を文脈に応じて訳し分けている。

写真1.1　エボラ出血熱の脅威

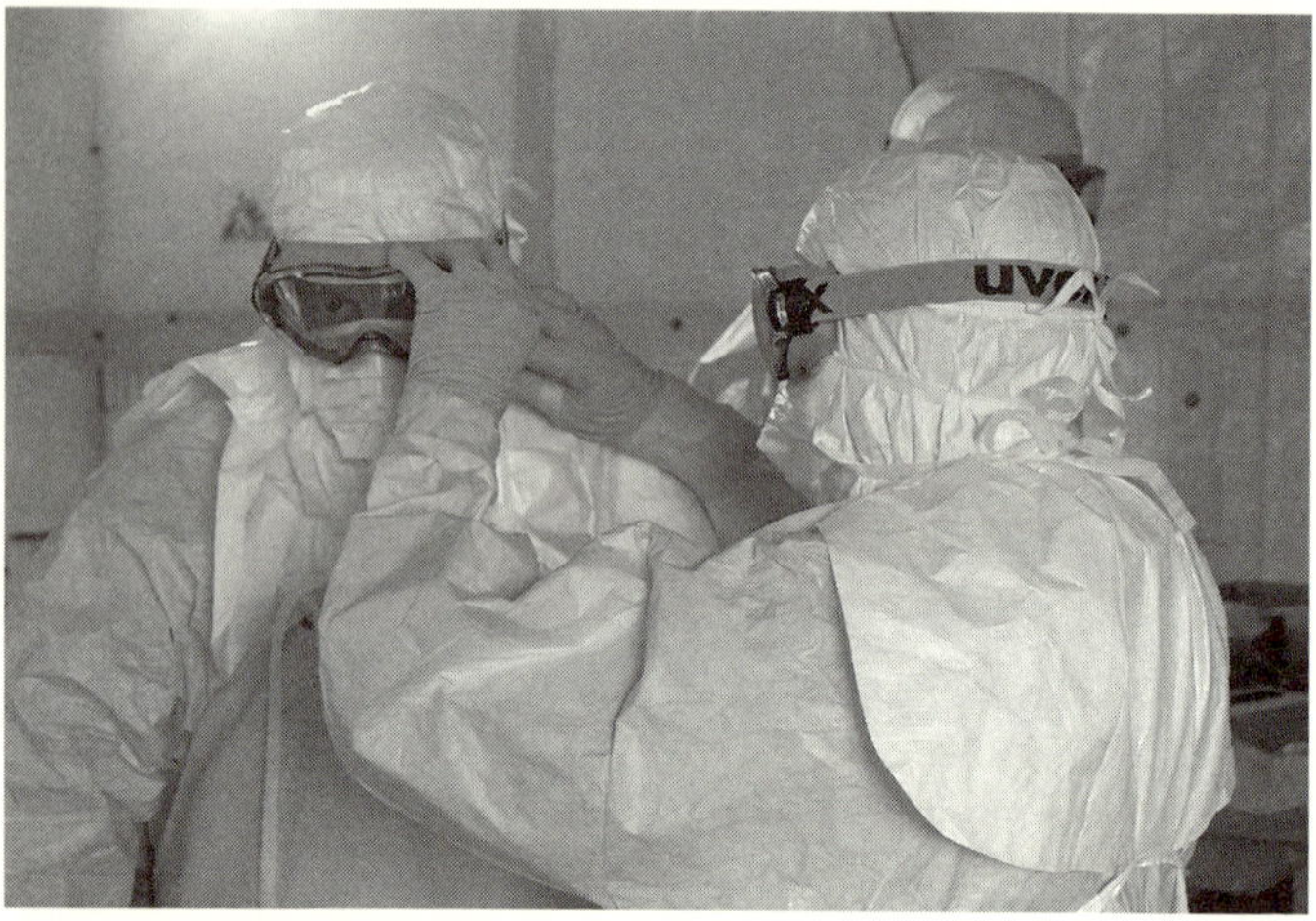

治療活動のために厳重な予防装備をする医療スタッフ
出典：CDC Global, Preparing to enter Ebola treatment unit
(https://www.flickr.com/photos/cdcglobal/15130688115/)

す相互連関の高まっている地球上では、「どこか遠くで」起きた問題は、あっという間に「どこにでもある」問題になるのである。不測の人口移動や健康問題だけが、我々の相互連関性を示す事例ではない。絶望的に貧しいラテンアメリカの人々は、コカイン栽培をするか、それをアメリカに密輸しようとする。なぜなら、それ以外にまともな金儲けの機会がないからである。その結果、中米の多くの国は不安定化し、麻薬関連の暴力の連鎖がアメリカの都市にも波及していくのである。中東では宗教的なイデオロギーが蔓延し、国内外での合法・非合法の暴力行為につながっている。我々が問うべき問いは単に「金持ち国は貧しい人を助けるべきか」ではなく、「どうすれば金持ち国は貧しい人を最も良く助けることができるか」なのである。

なぜやり方を変えなければならないのか

金持ち国が遠い国の貧しい人々を支援してきたこれまでの方法を続けるわけにはいかない理由は3つある。

第一に、これまでのやり方はもはや通用しないから。一群の先進国が一群の途上国を支援すれば「追いつける」という考え方はもはや支持されない。かつて「発展途上」にあるとされた国――チリ、メキシコ、韓国――はいまや金持ち国の集まりであるＯＥＣＤ（経済協力開発機構）に加盟している。コロンビア、コスタリカ、マレーシア、ペルーなど他の一群の国々もＯＥＣＤ加入を論議している。ブラジル、中国、インドはそろって「新興国」として認識されており、援助を受け入れてきた一方でそれぞれが他の途上国への援助を行っている（支援国側になっている）。それゆえに世界は今や複雑な多極構造のモザイクになっており、「南の国々」を支援する必要があるのは「北の国々」という、単純な南北問題の構図は通用しないのだ。

第二に、開発がこれまで通りの対外援助（政府間の資金移転）で達成できるという考え方は信用できない。近年国民の福利厚生を著しく向上させることに成功してきた国々は、市場経済と国際貿易にいそしみ、「グローバリゼーション」と呼ばれる一連の過程に選択的に参加することでそれを達成してきた。女性運動、環境運動、異国に住む同郷者コミュニティなど、異なる国々の市民社会間の相互交流もグローバリゼーションの重要な一面である。国民国家の役割はもちろん重要だが、それは開発をばらまくためではなく、こうしたネットワークを活用して開発が進められるようにする役割こそが重要になってくるのである。他方で、開発の成果があがっていない国々のほとんどは政治的に非常に不安定だったり、暴力的な紛争を経験していたりする。こうした国は「脆弱国家」と呼ばれることもある。こうした国に対する金持ち国の役割は、単に開発援助を与えるということではなく、その国の政府がより効率的に、かつ包括的に機能するようにしむけ、国家形成のための国内的な過程を支援することにある。

第三に、（途上国の変化だけを目的にする）「国際開発」という理念を見直さなければならない。貧しい人々を膨大に抱える国は先進工業国がやってきたことをそのまま踏襲するわけにはいかないということがいまや明らかになってきている。「持続可能な開発」は、いまや国際連合（国連）が合意した地球規模の包括的目標である。西側世界でこれまで当たり前のようにやってきた工場や農場や交通や家庭からの二酸化炭素の大量排出は、すでに地球温暖化を引き起こしている。もしも現在70億の人口が遠からず80億、90億あるいは１００億人まで膨れ上がり、これらの人々が単に生存するだけでなくそれなりの生活をしようとするなら、開発の物質的な前提を考え直さなければならない。一部のラテンアメリカの思想家たちは「ブエン・ビビール（良き生：buen vivir）」という概念を提唱している。「良き生」とは少なくとも30億人の貧しい人々、とても貧しい人々の物質的生活が格段に改善することを目指す。食料、安全な水、衛生、住居、保健サービス、エネルギー、その他の物資やサービスへのより良いアクセスなどの実現である。しかし、それは世界中の上層階級、中間層の人々（つまりあなたも私も）に対して、これまでとは違う生活を強いることになる。持続可能な、社会正義にかなう世界においては、現在の金持ち国の恵まれた人々の物質的なエネルギー浪費型のライフスタイルを続けることはもはやできない。世界の貧しい人々を助けるためには、貧しい国々の変化だけでなく、金持ち国の変化も伴わなければならないのだ。

成績表：どの国がどのくらい貧しい人を助けてきたか

金持ち国がより貧しい国々のことをどれだけ心配しているかを測る従来からの方法は、政府開発援助（ＯＤＡ）予算の額を見ることである。この方法では、ほとんどの高所得国は途上国のことをそれなりに心配しており、国際開発に一定の額の公的資金を配分していることがわかる。援助総額の点では、2014年に327億米ドルをODAに投入しているアメリカが最も途上国に関心を持っていることになる。[◆2] しかしながら、アメリカは世界最大の経済規模を持っているのだから額が多くて当然で、より適切な比較の仕方は国民総所得（GNI）における対外援助の比率を見ることである。この指標を用いるとアメリカの成績はOECD平均が対GNI比0・29%であるのに対して0・19%とかなり見劣りするものとなる。とはいえ、それでも韓国の0・13%よりはがんばっている。このリストの上位には1・10%のスウェーデンと0・99%のノルウェーがおり、イギリスはかなり改善されて2014年にはミレニアム開発目標（MDGs[◇5]）の目標である0・7%を達成している。

　しかしながら、対外援助は金持ち国が貧しい国々と貧しい人々を支援する方法の1つに過ぎない。グローバル開発センター[◇6]は「どの富裕国が最も貧しい国を支援していると思うか」というアンケートを行い開発関与指標（Commitment to Development Index：CDI）を計算している。[◆3] この指標は金持ち国が貧しい国々に提供可能な7つの支援方法――対外援助、貿易の対外開放性、地球規模の金融制度への貢献（貧しい国々が金融にアクセスしやすくする）、途上国からの移民受け入れ許容度、環境への負荷に対する責任の取り方、治安改善への貢献、技術を途上国で利用可能にするための措置――を組み合わせたものである。これでも完璧な方法とは言えないが単に援助額を見るよりははるかに良い方法である。

このリストでも、北欧の国々が上位を占める。デンマークは10点満点中６・８、スウェーデンが６・６、ノルウェーが６・２である。イギリスは５・６と健闘している。米国はODA額だけを見るよりも貢献度が高く４・６となる。そしてどん尻は日本と韓国がともに３・３と、この指標で見る限り、あまり貧しい国々の貧しい人々に対する支援をしていないことになる。

◆原注２　ODAについてのデータはOECDのウェブサイト（www.oecd.org）を参照。

◇訳注５　１９９０年代の国連経済協力開発機構（OECD）、世界銀行、国連通貨基金（IMF）による各種会議やサミットで採択された開発目標と２０００年の国連ミレニアムサミットで採択されたミレニアム宣言が統合されてできた国際目標。（抜粋：国際協力用語集 p.275）

◇訳注６　アメリカのODA関連組織が形成する、ODA政策推進のための協議体。加盟しているのはアメリカ国際開発庁（USAID）、国務省、財務省、ミレニアムチャレンジ公社、海外民間投資公社（OPIC）で、アメリカの国民、政治家に対してODAの必要性を主張している。このように政策提言を実施機関自らが行う仕組みを日本は有していない。

◆原注３　詳細と数値については、以下 URL を参照（www.cgdev.org/article/commitment-development-index-cdi-2015-results）。

図1.1　道徳的義務

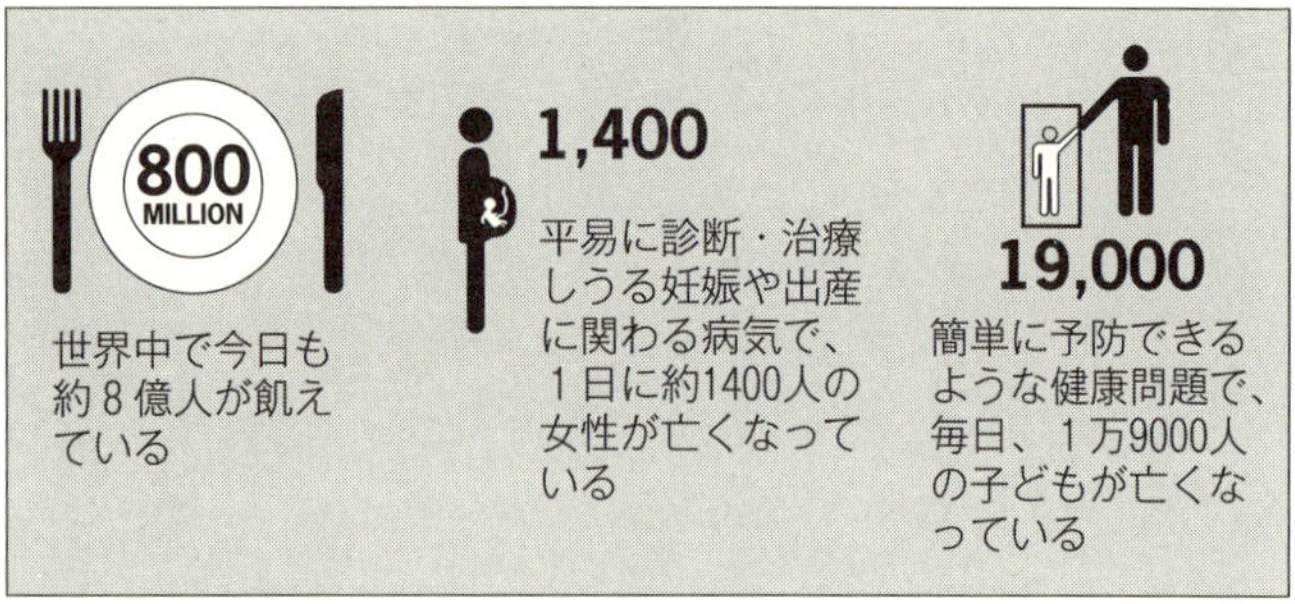

出典：再作成 “Infographic; Global inequalities the challenges” in “Global inequalities”, The University of Manchester, (https://www.manchester.ac.uk/research/beacons/global-inequalities/)
図：Communications and Marketing Division, The University of Manchester
データ：左から国際赤十字、UNIECEF、WHO のデータより引用。

よこしまな動機で正しいことをする

なぜ、金持ち国は遠くの貧しい人々を助けなければならないのか？　この問いには、多くの異なった答えの組み合わせがある。高潔な心で「道徳的な義務だから」という人から、「見栄えがいいし、手っ取り早く対価が得られる」という打算的な意見もある。一般的に金持ち国の政府はその納税者に、なぜ外国の困っている人を助けなければならないのかを正当化するために、利他主義と自己利益の組み合わせで説明する。これを4つの種類の議論に分けることができる。

国家指導者や政治家が最も一般的に口にする、遠くの困っている人を助ける理由は「道徳的義務」である。すべての人類は慈悲深くなければならず、他者の苦しみを軽減することを考えなければならないのである。とりわけ、基本的な要求が満たされている人ほど満ち足りていない人を助けるべきである。それは単に家族だからとか、友人だからだとかご近所だからということにとどまらない。偉大な哲学者ピーター・シンガー[◇7]が指摘しているように、これは全人類に適応される。私が助けようとする相手は10メートル先の隣の子どもであるかもしれないし、その子の名前を私が知ることは永久にない1万キロ離れたベンガル人の子どもかもしれない[◆4]（図１・１参照）。社会正義は、世界中にどこにいようとも貧しい人は、助ける力のある個人とその政府によって助けられなければならない、と要求する。この観点からはこうした行為は単なる慈善ではなく、義務である。5ドルでアフリカの子どもを救う薬を買えるときに、だれがわざわざ1杯5ドルのおしゃれなコーヒーを優先して良いものか。

第二の理由は、因果関係に基づく「道義的責任」である。成熟した先進工業諸国――金持

◇訳注7　Peter Singer（1947〜）。オーストラリア出身の哲学者、プリンストン大学教授。

◆原注4　Peter Singer, 'Famine, affluence, and morality', *Philosophy and Public Affairs* 1 (3) (1972): 229–243, 231–2.

ち国――とその国民は貧しい国々を助けなければならない。なぜならばそれらの国々と国民を貧しいままにとどめている経済的・政治的な構造に対して金持ち国の側に責任があるからである。こうした主張は植民地主義、ポスト植民地開発主義、現代資本主義、そしてグローバリゼーションに対する批判と軌を一にしている。道義的責任論は、現在の政治経済構造が、今日の地球規模の貧困、地球規模の不平等、社会的不正義の主たる（あるいは、直接の）原因だと主張する。資源の収奪、人種差別、民族分断、奴隷制、土着社会の破壊、恣意的な国境線、権力を握るごく一部の略奪的なエリートによる政府といった植民地期の影響は負の遺産として今日に至るまでそれらの国々を貧困状況に押しとどめている。古典的な一例は大西洋間の奴隷交易である。これは西アフリカ地域の人口減少をもたらし、この地域を不安定化させ、今日の開発の障害となっている。すべての植民地支配は負の遺産をもたらしているが、中でもベルギーは取り返しのつかない負の遺産を残している。その1つがルワンダにおいて徴税機能を持つ支配者層ツチと徴税される人々フツとの間の民族的分断を強化したことで、これが1994年の大虐殺を招いたとされる。

植民地支配は終わっても、やはり同じ構造が残っている。明白に不公平な世界の貿易体制は、貧しい人々を貧しいままに押しとどめることに加担している。アメリカの綿花農家が多額の補助金をもらって生産を続けていられるがゆえに、アフリカの綿花農民は貧窮化させられるのである。ＥＵで飼われている牛は１日に平均で２・５米ドルの補助金を受けられるが、これは人類の３分の１の人々の１日の収入よりも多い。金持ち国に本拠を置く多国籍企業は、貧しい国々のビジネスを仕切っており、金持ち国からの対外援助１米ドルと引き換えに、10米ドルを貧しい国々から搾り取っている[5]。欧米に本拠を置く世界の指導的な製薬会社たちが、彼らの薬にあまりに高い値段をつけているために、それを買えない数百万人の病人が不必要に死んでいっているのである。テクノロジーと金融を支配する金持ち国は、貧しい国々が経済的な競争をすることや、国民の社会的ニーズを満たすことを阻もうとしているのだ。そのうえ、国際通貨基金（ＩＭＦ）と世界銀行はアメリカ政府の強い影響下にあり、間接的には米国企業の影響下にある。こうした証拠に基づいて、主導的な思想家の間では、貧しい国々が自国民の命を守るためには、「正義を求める戦争」を金持ち国に仕掛ける倫理的な正当性を持っているという主張をめぐって激しい議論がなされている[6]。

◆原注５　統合報告書とデータベースは、www.gfintegrity.org を参照のこと。

◆原注６　Kasper Lippert-Rasmussen, 'Global injustice and redistributive wars', *Law, Ethics and Philosophy* 1 (2013): 65-86.

近年では、気候変動の観点が登場したことで、金持ち国が低所得国の貧困に責任があるという議論に拍車がかかっている。世界で最も経済的に進んだ国々と裕福な人々は膨大な量の二酸化炭素（CO_2）を大気に排出しており、これが貧しい国の貧しい人々の生活をむしばんでいるからである。

第三の理由は、「共通利益」という考え方で、この考え方は利他主義と利己主義の双方に基づいている。この考え方では、基本的な欲求が充足されている人が、自分の幸せを維持・向上させたいと願うなら、貧しい人を助けるべきだと主張する。これは近所の貧しい人にも、遠くの見ず知らずの貧しい人にも適用される。比較的恵まれている人は以下のような理由から貧しい人を助けるべきである。地域的な、あるいは国家の社会的一体性を改善させるために。排斥された社会集団が社会的・経済的安定を脅かすような極端な行動をとろうとするインセンティブを生まないために。経済的機会を生み出すために。公衆衛生上の問題や流行病を生まないために。そして移民流入と人口増加を減少させるために。

公衆衛生と移民の問題は近年ますます注目されるようになってきている。金持ち国からの効果的な保健政策への支援がなければ、エボラのような新たな感染症が貧しい国で発生し世界中に蔓延していく可能性は飛躍的に高まる。同様にアフリカから地中海を渡ってＥＵに流入しようとする人々の流れ（２０１５年で20万人と推計されている）を本気で減少させようと思うなら、金持ち国はアフリカでの経済成長と雇用創出に前向きに取り組み、地中海を挟んだ大陸間の経済的な機会の不平等を劇的に縮小させる努力が必要である。これと関連して、もし世界人口を100億人や110億人まで肥大化することを防ぎ、90億人で押しとどめようと思うなら、世界の最貧地域（とりわけサブ・サハラアフリカ）での貧困削減を急速に達成しなければならない。なぜなら、出生率減少の最も効率的な方法は避妊具の配給ではなく、貧困削減だからである。バングラデシュの繁栄は、合計特殊出生率（1人の女性が一生に間に産む子どもの数の平均）を30年間で5・2から2・1まで引き下げたのである。

もし遠くの困っている人が自らの将来に希望はないと思ってしまったら、その中から暴力的な政治集団や麻薬取引に走り国際犯罪に手を染める人々が出てくるかもしれない、という議論は、西洋では真剣に考えられてきた。極端な場合には、こうした人々はテロリストになるかもしれないからである。したがって、遠くの困っている人を助けることは単に「正しい行い」であるばかりではなく、金持ち国内での社会的・政治的問題を防ぐことにもつながるかもしれないのだ。こうした議論は米国では2001年の9・11事件以降しばしば語られるようになった。とはいえ、その因果関係を証明する証拠はあまりない。9・11同時多発テロの実行犯は高所得国であるサウジアラビアの出身者であったし、貧困家庭の出身の者は誰もいなかった。「ダーエシュ◆7」による2015年のパリでの乱射事件を起こしたテロリストは中流家庭の出身者であった。より説得的な議論は、貧困が常態化している国では、国家の統治能力が脆弱であり、テロリストは国内に容易に訓練基地などを設けることができるというものであり、アフガニスタン、ナイジェリア、シリア、イエメンなどはこの実例である。共通利益論には、リベラル経済学からの強固な支持もある。貧しい国と人々の所得が増えれば増えるほど、富裕国と富裕な人々にとっての経済的な機会は増大するであろうというものである。

しかしながら、貧しい国々を支援するこれら3つのよく知られている理由の陰には、4つめのあまり自慢できない動機づけがあり、金持ち国の思考の大半はこれらが占めている。すなわち、「短期的な政治的・商業的利益」である。冷戦期を通じて地政学的な考慮は常に重要であった。アメリカとその同盟国、旧ソビエト連邦とその同盟国の間では、貧しい国々の指導者に開発援助と軍事援助の組み合わせを与えて、自陣営に取り込み、相手陣営を出し抜くことが行われていた。このやり方ではある国に単に対外援助を与えるというだけではなく、例えば旧ザイール（現コンゴ人民共和国）の残虐な独裁者モブツ大統領のような人物に対外援助を与えることにもなってしまう。金持ち国は幅広い外交的な判断から、援助の配分を決めてきた。数十年にわたるアメリカからエジプトとイスラエルへのふんだんな援助は、貧しい国というよりも友好国を支援したいという気持ちの表れである。

対外援助を考える際には商業的な利益も常について回る。金持ち国は通常自国の企業やＮＧＯへ契約するという「紐つき」で援助を行う。自国企業の輸出信用供与を援助として勘定に入れたり、援助供与と引き換えに別の商業契約を自国企業と結ぶように仕向けたりすることも行われる。イギリスのサッチャー首相が、対マレーシア援助の増額と引き換えにイギリス製武器の売り込みを図ろうとしたとして、プルガウダム案件[◇8]を法廷に持ち込まれ大恥をかいたのは、援助が商業的利益追求のために用いられた典型的な例であった。

以上に挙げた議論「道徳的義務、道義的責任、共通利益、自己利益」はいずれも金持ち国

◆原注７　私が「ダーエシュ」という用語を用いるのは、「イスラーム国」と呼ばれるこの組織はイスラーム的でもなければ国家でもないからである。

◇訳注８　１９９１年イギリス政府がマレーシアに対してプルガウダム建設（コストがかかりすぎると批判されていた）のための援助を与えることと交換に、イギリス製の兵器をマレーシアが購入することを裏取引したとして、数年後に高等裁判所がサッチャー首相を訴えた案件。日本でのＯＤＡ批判の報道は、１９８０年代後半にフィリピンのマルコス大統領に対して賄賂を贈ることで日本の商社が有利なＯＤＡ案件を採択させたという報道が有名であるが、日本では紐つき援助を違法だとする判例はない（https://www.cgdev.org/blog/getting-facts-straight-pergau-dam-and-british-foreign-aid）。

が貧しい人々を支援する理由として用いられるが、これらの理由づけはこれまで常に厳しい異論にさらされてきたし、これからも挑戦は続くだろう。近年、遠くの他人を助けることに対する支持が増えている国はオーストラリア、カナダ、オランダ、イギリス、アメリカなどであるが、それらの国でも一部の政治家や政党や大衆メディアは対外援助を声高に批判している。遠くの困っている人を助けることに対する反論は3つの論点を中心にしている。最も有力なのは、すでに紹介したように「ほとんどの対外援助は無駄遣いされており、貧しい国の指導者や公務員は決まって汚職まみれである」というものである。今では金持ち国の援助が直接暴君に手渡されることはないし、多くの援助機関は汚職防止のためのかなり良くできた手立てを有している。それでもアフガニスタンやイラクでの援助をめぐるスキャンダルの存在は、とりわけ脆弱国家では依然として汚職が深刻な問題であることを示している。

批判の2つめとして挙げられるのは、対外援助のプログラムは、援助予算で食っている金持ち世界の官僚とコンサルタントが自分たちのために計画しているのではないか、というものである。援助プロジェクトは貧しい国々や貧しい人々を助けているのではなく、「援助業界」と「ワシントンご用達コンサルタント」が仕事を得るためにある、というのだ。

3つめの批判は、貧しい人々の人口が最も多いのはインドや中国であり、彼らは新興国であって「彼らの生活は我々よりも恵まれている」というものだ。こうした批判が援助の全面的な停止に結びつくことはないが、ＯＥＣＤ加盟国の援助予算の切りつめにはかなり貢献している。ある研究によれば、アメリカの対外援助予算額から見ると、非アメリカ国民の１人当たりの価値をアメリカ国民の価値の２０００分の１に見積もっていることになるという。◆8

これまで述べてきたような、開発への関わり方に関する賛否両論は、金持ち国の世論に影響を与えそうなものだが、欧米での世論調査の結果は必ずしもそうではないことを示している。金持ち国の国民は遠くの貧しい人についてあまり考えることはないが、自分たちの政府が貧しい国に対して何かすべきだとは思っている。例えばイギリスで４７８９人の人に「イギリスが直面する最も重大な問題は何だと思うか」と聞いたところ、「世界の貧困問題」と答える人はたったの10人（０・21％）しかいなかったが、別の世論調査で世界の貧困問題について聞かれると、25％の人が「とても心配している」と答えているのだ。◇9◆9

とはいえ、これは世論を少し重視しすぎかもしれない、コリン・クラウチが主張するよう

◆原注8　Wojciech Kopczuk, Joel Slemrod and Shlomo Yitzhaki, 'The limitations of decentralized world redistribution : an optimal taxation approach', *European Economic Review* 49 (4) (2005) : 1051-79.

に、多くの金持ち国が今や「ポスト民主主義」政治に突入しており、大衆は積極的な政治参加から遠のいていくのだとすれば、我々が公共政策をめぐって注視すべきはビジネス界と政府のエリート官僚たちなのであろう。この批判的な視点から眺めると、確かに地球規模の貧困問題はエリートたちの使い勝手の良い道具だということがわかってくる。ビジネスエリート（と彼らが資金をつぎ込む政治的エリート）は、「地球規模の貧困を低減させる」というスローガンの下、中所得国、低所得国での経済自由化を推し進めることが可能となり、この結果これらエリートの富は前代未聞の割合で増えているのである。彼らとともに、公的機関や市民社会、二国間援助機関、国連や世界銀行などの多国間援助機関、名前の知れたNGO、さらには世界のセレブたちも、地球規模の貧困削減の名のもとに予算を増やし、評判を上げている。その一方で、政府が遠くの困っている人を助ける活動に対する一般の人々の理解と支援は減少しているように見える。我々の指導者たちは、よこしまな動機で正しい行いをすることが許されているのである。

貧しいのは誰か?

その動機づけが何であれ、遠くにいる貧しい人を助けようと思うなら、誰が貧しいのかを知らなければならない。数十年にわたって、金持ち国は途上国——工業化が進んでおらず1

人当たりGNIの低い国々――の農村部の人々が「貧しい人々」だと認識してきた。しかしながら1990年ころになると金持ち国は、より洗練された「貧しい人々」の定義を用いるようになってきた。

オックスフォード大辞典によれば貧困とは「生きていくのに必要なものに事欠く状態」である。しかし何が「必要なもの」であるのかについては激しい論争がある。こうした論争の一部は極めて技術的なものだが、それ以外はたいてい価値観を含んだものとなる。例えば「貧困線」の引き方についての議論がある。1人の人や1家族が「必要なもの」を確保できる最低所得を示す「貧困線」の引き方には、さまざまな方法がある。貧困線は、絶対的・相対的な観点で論じることができる。貧しい国々では貧困線に絶対的な数値が用いられる。最低所得は、肉体維持に必要なカロリーを摂取し、基本的な住まいを確保するものでなければならない。2015年から、世界銀行は貧しい国における最低所得の値を1日1人当たり

◇訳注9　Colin Crouch（1944～）。イギリスの社会学・政治学者、ウォーリック大学名誉教授。
◆原注9　Colin Crouch, *Post-Democracy* (Cambridge: Polity, 2004).（邦訳：コリン・クラウチ、『ポストデモクラシー――格差拡大の政策を生む政治構造』、山口二郎監修、近藤隆文訳、青灯者、2007年）

1・9米ドル（購買力は国によって違うので、このお金でも金持ち国にいるよりは多くのものが買える）としている。これに対しEU諸国では貧困を相対的な概念として定義しており、ある人の所得がその国の所得の中間値の60％以下であるとき、その人は貧しいとみなされる。これは、EUでは1日1人当たり所得20米ドルから40米ドルであり、米国では大人1人1日当たり32・25米ドル（2015年）であった。これだけの所得があれば、貧困線以下でも変化のある食事をとることができ、衣服を着替え、テレビや携帯電話を持つことができるし、誕生日に子どもを動物園に連れていくくらいはできるだろう。それでもこうした人たちは「相対的貧困」と算定される。なぜなら国民の大半が当然のように享受しているいくつかのこと――レストランで外食をする、パソコンを所有する、海外旅行をするなど――ができないからである。「絶対的貧困線」と「相対的貧困線」のどちらを選ぶかは、技術的な問題だけでは片づけられない。貧しい国々の貧しい人々に比べれば物理的にかなり恵まれていても、金持ち国では「貧しい」とカテゴリー分けされうるのである。

金持ち国に住む大半の人にとって極貧層の観念的なイメージはサイクロンに襲われたり、地震の被害にあったり、暴力的な紛争から逃げてきたりといった緊急状態に陥った女性と子どもの姿であろう。こうした人々に対する人道的な救援は金持ち国が遠くの困った人々を助ける重要な一場面である。しかし、こうした一時的な緊急救援にばかり注目すると、極貧状態の人々が慢性的な貧困の罠によって押しつぶされそうになっている、という事実が見えなくなってしまう。彼らは最近の自然災害や紛争の犠牲者であるだけではない。彼らは、その父母やおじいさんおばあさんがそうであったように1日12時間あるいは14時間まで働いたとしても家族に必要なものを賄うだけ稼ぐことができないような状態で暮らしていかなければならないのだ。必要なものを賄うことができるだけ稼げる幸運な者でも状態は不安定である。家族の誰かが病気になるとか、仕事中のけがとか、地元の労働市場の不景気などがあれば、すぐに貧困状態に滑り落ちてしまう。

あなた自身が貧困についてどんな概念を持っているかは重要である。それは、だれを貧しい人だと認め、我々が彼らに何をしなければならないかの判断を左右するからである。もし、多くの人がそう考えているようにあなたも、貧困を単に所得の不足だと考えるなら、経済成長（とそれに伴う雇用創出）こそが解決策だと考え、市場中心の対策を模索するだろう。もしあなたが貧困は多次元的なものであると認識するなら、基本的なサービス（健康、教育、安全な水、衛生など）が必要だと考え、政府による公共的な提供を重視するだろう。もしあなたが貧困は不平等状態あるいは人権の軽視から生まれると考えるならば、経済的資産の再分配や社会的・政治的権力の再分配などといったより抜本的な改革に向かうかもしれない。

こうした価値観の相違と同時に、貧困の原因は個人にあるのか、社会にあるのかという深い価値対立がある。この対立は、今日の競争者と怠け者論、歴史的には「支援に値するとみなされる貧しい者」すなわち未亡人・孤児・老人・障害者などと、「支援に値しないとみなされる貧しい人」すなわち働き盛りだが仕事にありつけない人・家族を養うだけの金を稼げない人との区別を生んできたのである。

人類社会の現状――コップに半分水が入っているのか、半分空なのか

あなたがどのような立場を取るかによって、過去四半世紀を人類の空前の進歩の時代と見るか、大いなる失望の時代と見るかは左右される。肯定的な立場をとるなら、アンガス・ディートン[◇10]の『大脱出――健康、お金、格差の起源』[◆10]にあるように、1990年以降絶対的貧困の状態に生きる人々の数は半減したこと、平均寿命、乳幼児死亡率などの健康指標やその他の社会的な指標も大幅に改善したことを評価するだろう。否定的な立場をとるなら、貧困状態（2011年の価格で1日3・1米ドル以下の収入）に生きる人々の数は1980年からほとんど変化しておらず、不平等はさらに悪化しており、地球規模の環境利用は持続不可能であると主張するだろう。

人類の状況が良くなっているのか悪くなっているのかをめぐっては、多くの複雑な議論が

存在する（巻末の読書ガイド参照）が、少なくとも私にとっては、３つのことが明らかである。第一に人類のほとんどにとっては、状況はよりましな方向に変化しつつあり、その改善率は過去2世紀の間、特に過去25年の間は向上してきた。しかし第二に、進歩はあまりにのろい。我々の富はあり余るほどありながら、予防可能な人間的はく奪状態と困窮状態が看過できないほどあふれている。第三に、21世紀に入るころから生活の質を確保することへの不安が貧しい人々の間にも、貧しくない人々の間にも広まっている。20世紀には広く信じられていた「私の子どもは私よりも良い生活を送るだろう」という期待は、もはや手の届かないものになってしまったのである。

第一の点についていえば、多くの人類にとって経済的・社会的状況は、改善してきた。国

◇訳注10　Angus Deaton（1945～）。アメリカ・イギリス国籍のノーベル賞経済学者（受賞年：２０１５年「消費、貧困、福祉に関する分析」）。

◆原注10　Angus Deaton, *The Great Escape: Health, Wealth and the Origins of Inequality* (Princeton: Princeton University Press, 2013).（邦訳：アンガス・ディートン、『大脱出――健康、お金、格差の起源』、松本裕訳、みすず書房、２０１４年）

連の2015年のデータによれば、1日1・25米ドル以下の収入で暮らしている人の数は、1990年の19億人から、2015年には8億2500万人に減少した、世界人口比で見ても36％から12％に減少している。世界人口全体が増加しているにもかかわらず、平均的な1人当たり国民所得は、歴史上前例のないペースで増加している。期待平均余命は1950年の48歳から今日では68歳まで伸びた。5歳以下乳幼児死亡率は1990年の出生1000対90から、2015年には43にまで低下した。その他の多くの社会的指標も同様に改善している。もちろん、地域により国により変化のパターンは異なる。それでも地球上のすべての地域でMDGsに向けて大きな進歩を達成してきた。過去25年でこれらのデータが悪化したのはイラク、ソマリア、シリア、ジンバブエなどの、ほんの一部の国々である。

とはいえ、なぜ状況が改善し続けてきたのかを説明する説得的で手軽な方法はない。多くの要因が状況改善に貢献してきた。健康、環境衛生、栄養、組織とテクノロジーにまつわる比較的簡単な技術的知識が発明され、それが普及したこと（例えばワクチン、妊婦の栄養補給、農作物の品種改良、帳簿のつけ方、手洗い習慣、安価な石鹸、水道水などなど）が1つ。世界の多くの場所で貿易と経済自由化が進展したことも貢献した。◆11 冷戦が終結したこと、中国が世界経済に復帰したこと、アフリカで商品価格が高止まりしたことも、要因として挙げられよう。

こうしたことを受けて代表的な地球規模の開発問題の専門家は、「正しい政策を採用する」ことよりも「政治を正しく行う」ことの方に力点を移行しつつある。例えば、組織とりわけ国家がより機能するよう働きかけるというより困難な課題である。

状況が改善してきたとしても、進歩は十分なものだったろうか。我々はモノにあふれた世界に生きている。人間の富裕度を測る原始的な指標である1人当たり総所得は、１９５０年の２１００米ドルから２０１０年には７８００米ドルにまで3倍以上に増加した。それでも世界人口70億人中30億人はごく基本的な人間的ニーズ、すなわち食料、飲料水とトイレ、基礎的保健と住居などにさえアクセスを欠いている。現代の資源とテクノロジーにあふれたこの世界で、全人類の20％から40％の人々（この推計は人によってさまざまだ）が日々の生活に必要なものに事欠いているのだ。このことの短期的な結果として、不安定な生活に苦しまなければならず、将来より良い生活を送れるようになり生産的な活動に従事できる可能性は低

◆原注11　歴史的には、商品作物の価格は上昇と下降のサイクルを繰り返してきた。しかしながら、中国経済の成長の余波で過去15年間にわたって石油価格、銅、金、鉄その他の資源価格は高騰し続けていた。しかしこの時代もすでに終わった。

下する（あるいは、予防可能な病気によって死んでしまえばその望みは途絶える）。

そして第三の点、現代世界の不確実性である。これは実証的な証拠に裏付けられた議論というよりも、強い個人的な感覚に基づいている。ほとんどの利用可能なデータからは経済社会指標は改善しているにもかかわらず、多くの人にとって脆弱性が低減したとか、将来の社会的保証が強化されたという感覚は伴っていないように思えるのである。これは、哲学者が適応選好と呼ぶもののせいかもしれない。物事が良くなると人はそれに慣れてしまい、より多くを求めるようになってしまうというあれである。あるいはそうではなく、メディア報道のあり方の変化によるものかもしれない。年中無休24時間放送のニュース番組は、地域で、国内で、そして地球上で起こった悪い出来事（と、どうでも良いこと）を引きも切らず我々に伝えてくれる。新聞もまた交通事故、殺人、テロリストの襲撃などなるべくセンセーショナルな話題を競って載せる。芸能人の結婚・離婚と不愉快な1日の出来事と一緒に。

しかし、不安定さの感覚が増しているのは、現代の状況に対する人々の合理的な反応なのかもしれない。アフガニスタン、イラク、リビア、シリアでの繰り返される暴力と統治不可能性という現実は、強固な同盟国に支えられた世界一の超大国アメリカの力と資源をもってしても、平和と繁栄を生み出すことはできないということを立証している。より喫緊の課題として、過激な政治的イスラーム運動がイデオロギー的・理論的に西側世界の強固なライバルとして挑戦を挑んでおり、彼らはどこでも、誰でも殺人の対象とする用意があるのである。そしてまた地政学的な文脈も急速に変化している。２０１１年の「アラブの春」の後にエジプトで、またイスラーム教徒多数国家として模範的であったトルコで起きていることをどう理解すればよいのか。我々は、ロシア（少なくともプーチン大統領とその一党）が自国経済の停滞、人口高齢化という問題があるにもかかわらず、けんかっ早い大国としてふるまいたがっている多極化構造の世界に生きている。サブ・サハラアフリカでは、人口問題は他の地域とは正反対の問題を抱えている。引き続き高い出生率と都市化率のままで、この大陸の若者たちはどうやって仕事を見つけるというのだろう――ヨーロッパへの移住だろうか？中国は南シナ海で武力をちらつかせている。メキシコと中米各国、そして今ではペルーでも組織犯罪が国家機構と根深く絡み合っている。国際金融機関と銀行は２００８年の金融危機以降も行動様式を変えたようには思えないし、サイバー犯罪は個人に対しても、企業に対しても政府に対してもその脅威を増している。グローバル化の進む経済においては、雇用はますます不安定になっており、それは貧しい人々にとってだけではない。（イギリスの）イングランドでも（アメリカ東部の）ニューイングランドでも、中流階級の親は、自分たちの子どもがコンピューター化・ロボット化が進む世界で、まともな仕事につけるかどうかを心配している。それもこれもに加えて、気候変動という問題が、さらに考えるべき問題として現れているのである。

この不確実な文脈が、さまざまな反応を生み出す。多くの金持ち国では右翼政党の興隆を後押しする。イギリスのＵＫＩＰ（イギリス独立党：United Kingdom Independence Party）からアメリカのティーパーティー（保守系政治勢力）まで、フランスの国民戦線からハンガリーのFidesz（フィデス：ハンガリー市民同盟）まで。これらの政党は一律に遠くの困っている人々（経済移民と外国人）が経済社会的問題の原因であるとし、異なるアイデンティティを持つ国々・人々との協力に対して異論を唱える。これらの政党は、貧しい国と貧しい人々を支援することに反対する勢力を力づける。彼らはこれまで通りのやり方を続けたい既得権益勢力を直接的にも間接的にも擁護することになる。既得権益層は気候変動など起こっていない、あるいは問題ではないと信じようとし、移民を最小限にとどめようとし、企業の反道徳的行為を見て見ぬふりをするのだ。

こうして、我々はパラドックスに直面する。合算された統計は、生活はより良くなっているはずだと示しているのに、多くの人――恵まれている人も中流階層も――はますます不安定になっていると感じる世界に生きているのである。

援助業界に別れを告げ、開発のための地球規模の協働へ

ならば、どのようにすれば金持ち国は貧しい国々と貧しい人々の繁栄を助けることができるのだろうか。対外援助をつぎ込みさえすればよい、という考え方はもうはやらない。そこで、２０００年前後から開発ための地球規模のパートナーシップ（ＭＤＧｓのゴール８）が、進むべき道として示されるようになったのだが、この15年間のパートナーシップ強化の試みは、あまり大きな成果を生んでこなかった。それは1つには金持ち世界――それをＧ７／Ｇ８の国々とみなそうが、ＯＥＣＤ諸国とみなそうが、それ以外の括りを用いようが――が、共同歩調をとるのが困難であることにも原因がある。また金持ち国、新興国の政治的・経済的エリート層が、短期的な自己利益にとらわれているからでもある。国連やニューヨークで大言壮語しておきながら資源は投入せず、貿易政策の改革を約束しながら政策には変化がない、というのがその例である。

こうした障害の存在は人々の失望感を強めかねない。数億人の貧困層の生活が向上しつつある現在、こうした悲観論を持つのは賢明なことではない。なすべきことは、気候変動や不平等といった問題に対処すると同時に、これまで達成した進歩を加速化させる方法を見つけ出すことである。この試練を理解するにあたって考えるべき分析視角が3つある。第一に対外援助と国際開発援助機関の改善である。このことは第2章で考えよう。次に考えるべきは

すべての人の福利を向上させるために広い視野を持って「援助の次に来るもの」を見通すことである。そのためには、地球規模の貧困と繁栄のダイナミズムを理解し、単に対外援助や多国間開発機関の活動を見るのではなく、地球規模の資本主義の進化や社会的・政治的変化の歴史的進化の過程といったより大きな見取り図で見ることが必要である。世界が多極化し、BRICS（ブラジル、ロシア、インド、中国に南アフリカを加えることもある）諸国が勃興し、国際商品価格が高止まり、不平等が急速に拡大し、相互連関性の大変革が起こる21世紀にあって、どのように金持ち国が貧しい国々と貧しい人々を支援できるのかを理解するためには、金持ち国が貧しい人々の将来展望を明るいものにしたり、妨げる仕組みをより幅広い視点から見なければならない。すなわち、貿易、金融、移民、消費パターン、気候変動、国家建設、不平等などである◆[12]。これらは第3章と第4章のトピックとしよう。そこでは、地球規模の開発のより幅広い経済的政治的プロセスを分析し、金持ち国が本当に貧しい人々を支援できる方法を見つけよう。

　先ごろ、国連がMDGsからSDGs◇[11]へと移行したことは、国際開発を単なる「プロジェクト」としてみるのではないより広い視野へ我々を導くのに好都合である。金持ち国にとって重要なのは、経済社会的進歩のための真に地球規模の（少なくとも地球規模に限りなく近い）取り組みへと移行することである。ドーハラウンド◇[12]の行き詰まりを打破して貧困層に裨

益する貿易交渉に合意すること、これまでの地球温暖化に責任を負うべきものが、温暖化抑

◆原注12　平和構築と紛争予防も、このリストに付け加えるべきかもしれない。しかしこうした幅広い話題についてはこのシリーズ（Polity 出版の Global Futures Series）の他の本でクリストファー・コーカーが論じている（*Can War Be Eliminated?* (Cambridge: Polity, 2014)）。

◇訳注11　開発アジェンダの節目の年、2015年の9月25日―27日、ニューヨーク国連本部において、「国連持続可能な開発サミット」が開催され、150を超える加盟国首脳の参加の下、その成果文書として、「我々の世界を変革する：持続可能な開発のための2030アジェンダ」が採択された。アジェンダは、人間、地球及び繁栄のための行動計画として、宣言および目標を掲げた。この目標が、ミレニアム開発目標（MDGs）の後継であり、17の目標と169のターゲットからなる「持続可能な開発目標（SDGs）」である。（出典：国際連合広報センター）

◇訳注12　1995年に成立した世界貿易機関WTOが最初に取り組んだ多国間貿易交渉の枠組みで、正式には「ドーハ開発アジェンダ」。2001年カタールのドーハでのWTO閣僚級会合で開始されたためにこの名がある。2001年の9・11同時多発テロの直後であったこともあり、途上国の貧困問題が世界の貿易の安定を脅かすという認識に基づき、貿易自由化交渉においても途上国の開発のための措置を取り込むことが謳われたために「開発アジェンダ」の名があるが、先進国と途上国の間の利害対立によって2017年に至るも交渉が妥結していない。

止や温暖化への適応などの気候変動対策に相応の貢献をするような正義にかなった解決策に合意すること、重要な地球規模の組織のガバナンスのあり方を再構築すること、反道徳的な資金移動によって途上国から資金が流出することがないようにすること、貧しい国家が妥当な条件で開発資金へ容易にアクセスできるようにすることなどである。

最終章で、私は、金持ち国の貧しい人々への支援政策とそのやり方を改革することに対して、公共の同意が得られるものなのかどうか、得られるとすればそれをどのように達成できるのかを究明したい。これは、21世紀初頭の地球規模の貧困撲滅キャンペーン（ＭＤＧｓのことを指す）の中で欠けていた要素なのである。このキャンペーンでは、金持ち世界の指導者たちが大衆向けに国際的なサミットで政策改革を約束しながら、実際にはこうした約束を無視することを許してきた。それは彼らは国内的にはそうした約束を守るようにとの真剣な圧力を受けてこなかったからなのだ。地球規模の貧困問題について大衆とエリート双方からの支持を獲得しようと考えるならば、小さく考える（自分自身のカーボンフットプリント[13]を減らすこと、ＮＧＯやアドボカシー団体を注意深く選ぶこと、フェアトレードの産品を買うこと、周りの人とこの問題について話すことなど）と同時に、大願を抱いて考えることを意味する。どうしたら、熱を帯びた議論を拡大し、国内と国際社会の社会的規範に挑戦していくことができるだろうか。そしてどうすれば世界中の「まあまあうまくやっていけている」人々が、この裕福な世界における貧困は、道徳的な許容範囲を超えているばかりでなく、自分たち自身のみならず自分の子どもや孫がより良い生活を送ることを妨げる原因ともなると感じるようになるのだろうか。

◇訳注13　自分が消費する商品やサービスの原材料調達から廃棄リサイクルに至るまでのライフサイクル全体を通して排出される温室効果ガスの排出量を二酸化炭素に換算した数値。

2

対外援助の限界

「我々は、現在10億人以上が直面している、悲惨で非人道的な極度の貧困状態から我々の同胞たる男性、女性そして児童を解放するため、いかなる努力も惜しまない。我々は……全人類を欠乏から解放することにコミットする」[1]。２０００年、国連の１８９の加盟地域・国が満場一致で採択したこの宣言以降、金持ち国（あるいは少なくともＯＥＣＤ加盟国）は約２兆米ドルをより貧しい国の貧困削減のために支出したが、未だにおよそ10億人が極度の貧困状況に暮らし、さらに約30億人が人間としての基本的ニーズが満たされないでいる。対外援助は失敗だったのだろうか、あるいは金持ち国はけち過ぎたのだろうか、それとも対外援助で貧困削減を目指すのはそもそも無理なのだろうか？

援助：量か質か？

政府開発援助（ＯＤＡ）とは、援助国による（たいていは低所得あるいは中低所得の）[2]受け

◆原注１　国連総会ミレニアム宣言２０００：４（参考：http://www.preventionweb.net/files/13539_13539ARES552ResolutiononUNMilleniu.pdf　http://www.mofa.go.jp/mofaj/kaidan/kiroku/s_mori/arc_00/m_summit/sengen.html 外務省仮訳）

取り国に対する、無償か低金利（金融市場の金利よりも低い）の借款か、どちらかによる財政支援である。援助受け取り国にとっては、借款よりも無償のほうがはるかに良いものだ。なぜなら借款は貧困国に借金という負担を増やし、それが将来問題を生む可能性があるからだ。援助の量は慎重に測らなければならないが、「援助」が本当にODAとして機能しているのかどうかの判断はそもそも簡単ではない。一部の援助は、援助国からの輸入や自然資源の採掘契約に紐づけられているため、本当に譲許的と言えるのかの評価が難しい。西洋の批評家は中国の援助を「援助」と偽った商業金融だと主張する。西洋人はそのようなごまかしを指摘するのが得意なのだ。ただし20世紀の中～後半にはヨーロッパとアメリカは、（自国の企業を支援するための）巨額の輸出信用を「援助」だと主張していたのだが。

ODAの中には災害や非常事態の対応のための「人道的」援助も相当程度あるが、対外援助の大部分は道路やインフラの建設、教育や医療施設の整備、ジェンダー平等の推進、中央政府がより効果的になるための支援、民間セクター開発の支援などの「国家開発」のために提供されている。政府から政府への直接的援助を「二国間援助」といい、金持ち国から国連や世界銀行のような多国籍機関を通して貧困国に提供される援助を「多国間援助」という。

対外援助の起源は、第二次世界大戦直後にアメリカ政府がヨーロッパの戦後復興を支援した「マーシャル・プラン」に遡る。これはおそらく歴史上世界で最も成功した援助プログラムだろう。ヨーロッパが短期間に回復し、工業を成長させ、福祉を改善できたことで、欧米はマーシャル・プランは大成功だったと評価した。こうして、国家開発はODAの大量投下により成し遂げられるという「ビッグ・プッシュ」という考え方が強化された。1950年代に脱植民地化の流れが勢いづき、金持ち国はかつての植民地に対する援助プログラムを設計した。彼らが目指していたのは第二のマーシャル・プランだったが、そのプログラムに用いられた資金は十分ではなかった。1960年代に冷戦が拡大すると、アメリカと旧ソビエト連邦（ソ連）がそれぞれの同盟国を「買収」しようとしたため、ODAの規模は増加した。援助の公の目的は、受け取り国の開発の促進にあるにもかかわらず、ドナーの商業的、地政学的、外交的な自己利益が、支援先の取捨選択や援助を与える量とその使い道に強い影響を及ぼしているのは今も変わらぬ問題である。キャロル・ランカスター◇1は、ドナーが援助

◆原注2　低所得国は平均年収1045米ドル以下。低中所得国は年間1045米ドルから4125米ドル。
◇訳注1　Carol Lancaster（1942～2014）。アメリカの政治学者、ジョージア大学エドモンド・ウォルシュ・フォリン・サービス校長。

図2.1　OECD開発援助委員会（DAC）ドナーのODAの純支出額（2000～2014年）

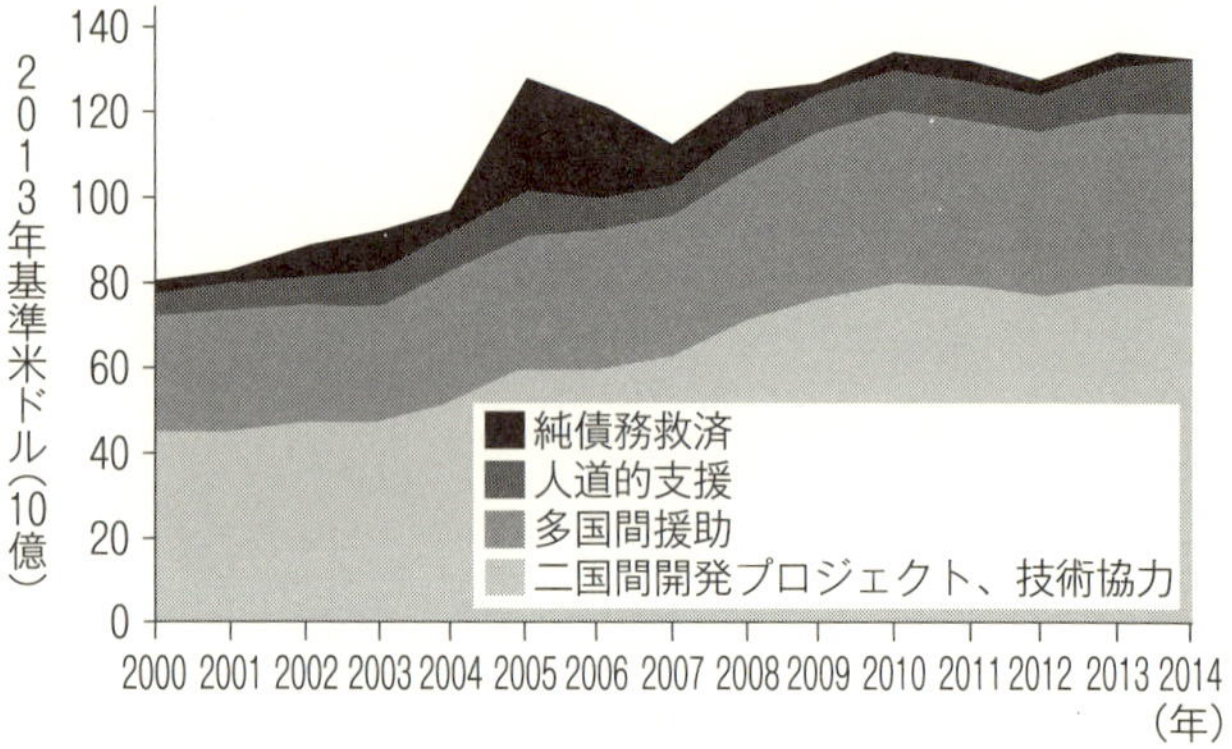

出典：OECD/DAC, '2014 ODA Tables and Charts', Paris, 8 April 2015（www.oecd.org/dac/stats/documentupload/ODA%202014%20Table%20and%20Charts.pdf）.

プログラムを開始する主要な動機の大抵は自己利益であるものの、援助活動は徐々に「道徳的理念」に基づいた形に姿を変えていくと指摘している◆3。もちろんこれはそれぞれの国によって大きく異なることではあるが。

1990年の冷戦終結後、対外援助の額は一様に減少し始めたが、債務帳消しのためのジュビリー・キャンペーン◇2やMDGs、2002年のモンテレー開発資金国際会議◇3によってなんとか持ち直し、その後ようやく増額に向かった。2000年から2005年の間に、ODAの純支出額は約800億米ドルから1200億米ドル以上に、さらに2014年には1350億米ドルにまで増加した（図

２・１）。これらの最近の増額にもかかわらず、ＯＤＡの純支出額は金持ち国の総生産の０・３％にとどまっており、この数字は金持ち国が一貫して宣言してきた０・７％という目標値からはほど遠いことは明らかである。

◆原注３　Carol Lancaster, *Foreign Aid: Diplomacy, Development, Domestic Politics* (Chicago: Univerisity of Chicago Press, 2007).

◇訳注２　最貧国の債務帳消しを求めて１９９０年から世界的に広がった社会運動、およびそれを推進する団体。最貧国が抱える返済不能な累積債務を西暦２０００年を機に帳消しすることを求めた。１９９６年にイギリスのロンドンに事務局をおいて団体としての「ジュビリー２０００」が成立し、２００１年以降は国別の組織に分かれて活動を継続している。

◇訳注３　２００２年3月18日～22日、メキシコ北部の工業都市モンテレイで開催され、モンテレイ・サミットとも呼ばれる。アメリカのブッシュ大統領、フランスのシラク大統領、カナダのクレチェン首相、メキシコのフォックス大統領をはじめラテンアメリカやアフリカ諸国から51人の国家首脳が出席した。しかしＧ７の中でもイギリス、ドイツ、イタリア、日本などの首脳が欠席し、またアジアの多くの国が閣僚レベルの参加にとどまったため、これまでの国連サミットに比較すると、後退したことは否めなかった。

これまで対外援助にまつわる議論の中心はその額の大小についてであった。曰く、ODAの総額は開発目標の達成に十分か、特定の金持ち国の貢献額はその経済的能力に対して適切か、など。もちろん援助の額は、特に国家歳入を自力で生み出す力が限られている最貧国にとっては、引き続き重要論題ではある。しかし専門家は、多くの援助受け入れ国にとって重要なのは単に援助資金の額ではなく、彼らがアクセスできるさまざまな「開発のための資金」の総額である、と主張するようになっている。もしそうであるなら、援助にまつわる中心課題は、金額がどれだけ大きいかではなく、援助は効果を生み出しているのか、特に援助が受け取り国の経済、社会、政治の漸進的変化を促進しているかどうかにあることになる。

援助は役に立っているか?

対外援助の支持者たちは、次のようなすばらしい成果を指摘するだろう。援助資金によるキャンペーンは、世界から天然痘を根絶したし、ポリオも根絶に近い。殺虫剤加工をした蚊帳によってサブサハラ・アフリカの乳幼児死亡率を削減した。資金援助によりレトロウイルス薬を入手できるようになった数百万人のエイズ患者は今日、元気に生きている。援助資金による「緑の革命」◇4は広範囲にわたるアジアの麦や米農家の生産性を従来の2倍、3倍さらには4倍にした。アフリカやアジア全体の就学女児の割合は激増した、と。これに対して、援助の批判家たちは別の例を指摘するだろう。例えば、コンゴ民主共和国（旧ザイール）のモブツ大統領、マラウィのバンダ大統領のような独裁者に提供された援助は、彼らがその国民を貧困化させているにもかかわらず彼らが権力に居座り続ける一助となってしまった。2002年以降のアフガニスタンへの無償資金援助は横領されていた。お金がアフガン銀行に届いた直後に、その大部分が直接海外の秘密の銀行口座に送金されていたようなのである。ハリバートン社◇5はイラクでの固形ゴミ処理契約によって巨額の利益を得た。そしてハイチに注がれた巨額の援助も、窮地に立たされた人々の福祉や経済的繁栄にはほとんど効果をあげ

◇訳注4　食糧増産を目的とした穀類の品種改良と、灌漑、肥料、農薬、農業機械などの技術革新とその途上国への導入過程。1960年代、国際稲研究所（IRRI）や国際トウモロコシ・コムギ改良センター等で開発された高収量品種の導入により米や小麦の収量が飛躍的に増大し、アジアの多くの国で米の自給が達成された。一方肥料、農薬の大量投与による環境破壊や農民間所得格差の拡大、伝統的農村文化の崩壊を招いたなど、多くの批判もある。

◇訳注5　ハリバートン社（Haliburton Energy Service）は、アメリカテキサス州ヒューストンに本拠を置く、主に石油と天然ガス探査および生産設備を製造する多国籍企業。

図2.2　脆弱な国家への主な流入：送金、援助、外国直接投資

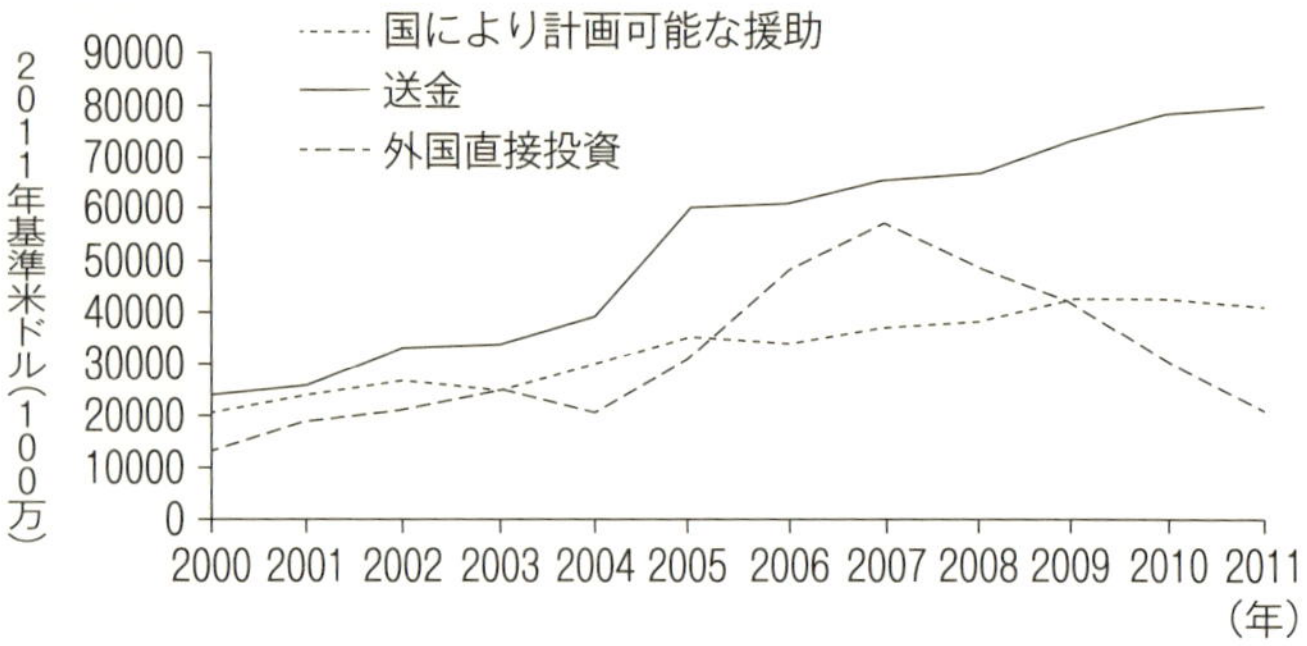

出典：再引用 “Figure 20.2. Major inflows in fragile states: Remittances, aid and foreign direct investment”（p.232）in OECD, “Development Cooperation Report 2014; Mobilizing Resources for Sustainable Development”（http://www.oecd-ilibrary.org/development/development-co-operation-report-2014_dcr-2014-en）

ていない、などである（図２・２参照）。

援助効果に関する賛否両論を理解するには、著名な論者たちによる両極端の主張を見るのがわかりやすい（ただし、これから見ていくように、最も活用できて実践的なアドバイスを提供するのは、あまり極端な立場をとらない、どっちつかずの論者たちかもしれないが）。一方の極には、概ね援助は効果的である、と主張する一群の人々がいる。コフィ・アナンと潘基文《パン・ギムン》の２人の国連事務総長のシニア・アドバイザーを務めたジェフリー・サックス率いる人々は、２０１５年までにＭＤＧｓは完全に達成できたはずだと主張する。必要なのはより多額のＯＤＡなのだ。サックスによると、ＭＤＧｓを達成するための知識、技術、組織的力量は揃っていたのだ。もしドナーが援助を増額さえしていれば（割増額は2006年の1210億米ドルから2015年の1890億米ドルに跳ね上がった）、世界のすべての地域において目標は達成できたであろう。

もう一方の極にいて、よく公開討論でサックスの表情を曇らせるのが、『*The Tyranny of Experts*』や『傲慢な援助（原題 "*The White Man's Burden*"）』の著者ウィリアム・イースタリーである。イースタリーは対外援助のすべてが失敗であったとは主張していないが、彼が示すデータはそうした印象を強めているようである。彼はサックスを楽観的すぎるとたしなめ、例えば元イギリス首相ゴードン・ブラウンのような援助支持者たちを公然と非難する。

ゴードン・ブラウンは、世界の貧困に関わる第二の悲劇については何も言っていない。確かに一ダース12セントの薬がマラリア汚染地域に住む子どもたちに届けばマラリアによる死亡者数を半減させることができるだろう。しかし、世界の貧困に関する第二の悲劇は、過去50年間、先進国が2・3兆ドルもの援助を供与してきたにもかかわらず、本当に薬を求めている子どもたちに薬が届いていないという現実である。……500万人の子どもの命を救うのに必要な母親1人当たり3ドルのお金も届いていない。……善意に基づいた援助資金が、それを本当に必要としている貧しい人々に届かないという現実を、悲劇と言わずになんと言えばいいのか。◆4

イースタリーにとっては、すべきことは援助を減らすこと、そしてより効果的にすることなのである。

究極の反援助側に立つ論者はダンビサ・モヨである。著書『援助じゃアフリカは発展しない（原題"*Dead Aid*"）』において彼女は、「援助は期待に応えることができなかった。援助は貧困のサイクルを永続化させ、持続的経済成長から脱線させるだけであるのに、いまだに開発課題の中心になっている」[5]と主張する。モヨは、ＯＤＡはアフリカの政府を腐敗させ、アフリカのエリートや中間層は、政府やビジネスを運営するよりもむしろ援助資金を懐に入れるようになると、痛烈に批判する。この視点に立つと、援助は効果がないばかりか、有害ですらあったことになる。対外援助は即刻止めるべきであり、そうすれば民間資金やマーケットがまるで魔法のようにたちまちその効果を発揮するというのだ。

これらの対極の立場は、援助に対する賛成と反対の論点を認識するのに役立ちはするが、援助のより効果的な使い方の詳細については、彼らはたいして多くは述べてはいない。現代の科学は貧困の解決策を備えているので、必要なのはより多くの資金のみであるという、サックスの誇張された知識礼賛は、まるですべての問題が明らかになっているかのような有害な見込み違いを生みかねない。イースタリーのうんちくを傾けた皮肉は、単に有害な悲観論であるだけで実践的には何の役にも立たない。そして（私を含むおなじみの白人の老いた男性よりは）、アフリカの女性がこれらについて熟議するのはすばらしいことではあるが、モヨの援助の全面的廃止論は、少なくとも一部の援助は（たとえ十分ではないにしても）アフリカの貧しい人々の将来展望を改善してきたという事実を無視している。彼らに対する学費や予防接種、エイズ治療、マラリア予防、エボラ出血熱感染回避に関わる支出などがその例である。

援助効果に関する白熱した議論を理解するには、「援助は役立っている」や「援助は失敗している」という立場に隠された論点を精査する必要がある。それらの論点は(i)援助プロジェクトやプログラムの成果の事例研究、(ii)理論的立脚点、(iii)より援助を多く受けた国々はより速い経済成長あるいはより大規模な貧困削減をなしえたかという計量経済学的評価などに

◆原注4　William Easterly, *The White Man's Burden: Why the West's Efforts to Aid the Rest Have Done So Much Ill and So Little Good* (New York: Penguin Press, 2006): 4.（邦訳：ウィリアム・イースタリー、『傲慢な援助』、小浜裕久・織井啓介・冨田陽子訳、東洋経済新報社、２００９年）

◆原注5　Dambisa Moyo, *Dead Aid: Why Aid Is Not Working and How There Is Another Way for Africa* (London: Penguin Press, 2010): 26.（邦訳：ダンビサ・モヨ、『援助じゃアフリカは発展しない』、小浜裕久訳、東洋経済新報社、２０１０年）

依拠している。第一の論点は、証拠として取りあげる事例の選択に左右される。（サックスが批判されるような）好都合な例、あるいは（モヨが批判されるような）不都合な例ばかりを選択することで議論を人為的に操作することができるのだ。第二の論点である理論をめぐる議論では、それぞれの陣営が対立する理論的命題の間を行きつ戻りつしている。援助に対する楽観主義者はODAの大量投入による「ビッグ・プッシュ」が貧困国の経済成長や人間開発の起爆剤となりうることを理論化しようとし続けている。援助に対する悲観論者は、援助こそが民間セクターの投資を締めだし、マクロ経済的安定性を脅かし、「オランダ病」[6]を引き起こすと仮定する。これらの理論がどれだけ役に立つかは、これらの理論の土台となる（完璧な政府や完璧な市場といった）仮説がどれほど現実世界の状況にふさわしいか次第である。

第三の論点、計量経済学による試算結果は、採用されたモデルや基本仮説、データの入手可能性や質に左右される[7]。際だって聡明な人々が「援助は役立っている」か「援助は失敗している」かを証明するための技術的精緻化を追求している。しかし、私たちはそのような知的試行が本当に有益なのかと問うことを忘れてはいけない。ノーベル賞を受賞した経済学者アンガス・ディートンは、「援助研究者たちは膨大な量のアイディア（とそれ以上の愚かさ）をつぎこみ、成長に対する援助の影響を解明しようと努力してきた[8]」と指摘する。実際のところ私たちは、援助は確かに役立っている（ある方式、ある地域、ある時期においては）ことを知っているし、役立っていない（ある方式、ある地域、ある時期においては）ことも知っている。過去の介入の平均的結果が良かったか悪かったかという知識は、現代の政策とはあまり関連性がない。むしろ必要なのは、特定の国の特定の時期に役立つ援助方式を選択するための知識と、いかにして非効果的もしくは有害な援助計画の立案を回避するかの知識である。

◆原注6　「オランダ病」とは、外国通貨の国内への急速な流入が為替レートを増加させ、製造業とおそらく農業を周縁化させ、それが経済成長を減速させると仮定する。

◆原注7　特定の問題は因果関係に由来する。援助と成長あるいは援助と貧困削減の正の相関が起こるのは、ドナーが成績の良い国に援助を配分しているからかもしれない。逆に負の相関は、低成長で人間のニーズに関して絶望的であるような最も援助を必要としている国にドナーが援助を割り当てているからかもしれない。

◆原注8　Angus Deaton, The Great Escape: Health, Wealth and the Origins of Inequality (Princeton: Princeton University Press, 2013): 288.（邦訳：アングス・ディートン、『大脱出――健康、お金、格差の起源』、松本裕訳、みすず書房、２０１４年）

ロジャー・リデル[◇6]による *"Does Foreign Aid Really Work?"* は、援助政策と成果に関しての丹念な分析として際立っている。[◆9]良い成果をあげる政策とは、ドナー国からの製品やサービスを紐つきでなくすこと、貧困者の手に直接現金が届くように援助を使うこと、援助をより予測可能にすること、（それぞれのドナーが小規模でときには競合するようなプロジェクトをいくつも実施するのではなく）ドナー間協調について合意された（パリ宣言のような）改革を遂行すること、援助受け取りのための政策的条件付与（コンディショナリティー）を減らすこと、援助受け取り国が自国の経済政策を決定できるようにすることなどである。

援助が役に立つかどうかを決めるもう一方の当事者である貧しい国々に目を転じると、開発の成否を大きく左右するのは、（援助政策でもプロジェクトでもなく）国家形成の歴史的進化過程であることが、広く認識されるようになってきた。そのため援助プログラムが役に立つかどうかを予測することは本質的に困難なのである。ナンシー・バードサル[◇7]とその共同研究者らが主張するように、援助効果をめぐる一番の難問はおそらく「援助を最も必要とする国々は往々にしてそれらを一番上手く使いこなせないものだ[◆10]」という点にあろう。最も深刻な貧困状態にあり援助を最も必要とするような国々では、政府やリーダーたちは、援助を有効に使おうとする責任感や能力が最低レベルであることが多い。アフガニスタン、コンゴ民主共和国、ハイチ、ソマリアその他50～60の国々においては政府やリーダーの援助活用能力が極めて低い状態にあるので、ＯＤＡを効果的に活用させることも大切だが、それは極度の貧困に取り組むための戦略のごく一部にすぎない。

躍り出た新参者：中国、ＢＲＩＣｓ、そしてゲイツ財団

金持ち国の対外援助に関する知識や理解が大幅に深まっているのだが、やっかいなことに、援助を与えるというゲーム自体が一変してきた。中国と、それほどでもないにしても他のＢＲＩＣｓ諸国の台頭、ならびにビル＆メリンダ・ゲイツ財団に代表される超富裕層による基金の勃興が、援助贈与の環境を大きく変えたのだ。これまで貧困国は、（ＯＥＣＤ諸国や

◇訳注6　Roger C. Riddell（1947～）。イギリスのOxford Policy Management（ＯＰＭ：オクスフォードを拠点とする国際開発コンサルタント会社）に所属する専門家。

◆原注9　Roger C. Riddell, *Does Foreign Aid Really Work?* (Oxford: Oxford University Press, 2007).

◇訳注7　Nancy Birdsall（1946～）。アメリカのCenter for Global Development（ＣＧＤ：ワシントンを拠点とする国際開発を専門とする非営利のシンクタンク）のセンター長。

◆原注10　Nancy Birdsall, Dani Rodrik and Arvind Subramanian, 'How to help poor countries', *Foreign Affairs* 84(4) (2005): 136–52.

多国籍機関などの）ドナーからＯＤＡをもらうためには、ＩＭＦや世界銀行の政策や融資条件に同意しなければならなかった。こういった「伝統的なドナー」から受け取った援助は、金持ち国の援助方針に沿わなければならなかった。それは例えば１９８０年代なら開発と女性に関する取り組みの促進であったし、１９９０年代なら良い統治の促進であったりした。しかし中国が援助ドナーとして台頭して以来、状況は一変した。今や、貧しい国には選択肢がある。途上国はＯＥＣＤ諸国からの援助を得ることもできれば、中国（少し小規模になるがインドやブラジル）のような「非伝統的なドナー」からの援助を得ることもできる。彼らが慎重に交渉できれば、両方のドナーから同時に援助を引き出すことも可能である。伝統的なドナーが、そのＯＤＡ方針や付与された条件に基づいて援助の使途を限定しようとするのに対し、相手国政府や特にそのリーダーが優先度を認めたものであれば何でも資金提供するのが中国のやり方である。

中国の援助プログラムは２０００年から急拡大した。ただし、その対外援助と政府後援の投資活動（Foreign Aid and Government-sponsored Investment Activities：ＦＡＧＩＡ）のどのくらいが実際にはＯＥＣＤのＤＡＣ（開発援助委員会）によるＯＤＡ定義に見合っているのかを正確に測定するのは難しい。中国による多くのＦＡＧＩＡ借款の譲許的要素は非常に小さい。実際問題として、世界全体の援助量を正確に分析することは非常に困難になってきた。それは中国の開発資金のどれほどの割合がODAと分類できるかを測定するのが難しいからだ。それでも、中国が2011年に供与を公約した1890億米ドルは、誇張された額であったとしても巨額の投資量であることに違いはない。◆11 この中国資金の大部分は貧困国政府への二国間援助として、特にインフラ整備プロジェクト（道路、橋、鉄道、灌漑施設）に重点的に提供され、ときによってはその返済は中国企業による天然資源採掘に紐づけられている。このような中国資金の「援助効果」の分析はまだ始まったばかりである。評論家たちは調査結果を、インフラ整備による利益や、資源採掘および債務返済にかかるコストに関する、否定的あるいは肯定的な仮説を形成するにとどめる傾向にある。大規模なインフラ投資、特に生産性向上にかかるインフラは、（特にアフリカにおいては）成長を促進すると主張する調査もある。同時に、貧困国政府がIMFや世界銀行とのより強い交渉力を持つことは、途上国が職業や成長に関してますます異端のマクロ経済政策を推進できるようにしてしまうと懸念する調査もある。一方で、まったく異なる結論を提示する専門家もいる。彼ら

◆原注11　Charles Wolf, Jr., Xiao Wong and Erick Warner, *China's Foreign Aid and Government-Sponsored Investment Activities* (Santa Monica, CA: Rand Corporation, 2013).

は、中国のＦＡＧＩＡとひきかえに鉱物と化石燃料への将来のアクセス権を与えることで、重債務に陥った貧しい国々の新たな一群を生み出すだろうと結論づける。さらに彼らは、（ジンバブエのロバート・ムガベや、スーダンのオマール・アルバシール、アンゴラのホセ・エドアルド・ドスサントスのような）「悪徳」政権を中国が支援すれば、悪い統治を助長するだろうと主張する。

中国は二国間の資金援助をしているだけではない。中国は多国籍間金融機関においても益々重要な役割を担うようになっている。これらの資金の一部はアジア開発銀行（ＡＤＢ）のために活用されているが、ＡＤＢを日本がコントロールしていることに不満のある中国は、ＡＤＢと直接競合するであろうアジア・インフラ投資銀行（ＡＩＩＢ）の設立を主導した。中国はまたＢＲＩＣＳ（ＢＲＩＣｓと南アフリカ）においても指導的な役割を果たし、ＩＭＦや世界銀行と競合する機関の設立に合意した（第3章の「財源」参照）。

欧米においては、貧困削減のための援助の主要部分はＮＧＯに流れ、そのＮＧＯ自身が集めた善意の寄付とともに途上国に届けられる。このため金持ち国の一般市民にとっては、自国政府の二国間援助機関よりも、オックスファム（Oxfam）やＣＡＲＥ、セーブ・ザ・チルドレン（Save the Children）、ワールド・ビジョン（World Vision）などの一流のＮＧＯの認知度のほうが高い。一流のＮＧＯの実績については、限られた実証的証拠しかないことも多いのだが、とても高い世評を得ている。

これらのNGOに伍して、過去10年間に台頭してきたのが、地球規模の貧困削減に取り組む慈善的資本家である。ただし、ゲイツ財団以外のほとんどの「大物」慈善活動家は、二国間でも多国籍間でもその援助規模においては比較的小さい。そうはいっても、慈善家（と関連する企業の社会的責任（CSR）イニシアチブ）の影響力は、彼らが貧困削減のために追加する資金以上のものがある。マイクロ・ファイナンスの隆盛はその一例で、貧困削減には比較的小さな影響力しかないことが明らかになっているにもかかわらず、彼らがマイクロ・ファイナンスを熱心に奨励することで、一般社会の関心を方向付けることに成功してきた。彼らがその慈善事業を貧者にとって良いことのように見せかけながら、実はネオリベラル資本主義およびそれに伴う不平等の拡大の片棒を担いでいると非難されているのも理由のないことではない。

（ビル・ゲイツとウォーレン・バフェットが出資する）ゲイツ財団は自主権限を持つ追加的資金の重要な財源である。ゲイツ財団は２０００年から２０１５年の間に、すでに３００億米ドル以上の贈与を提供した。ゲイツ財団の自己評価では貧困者に対して有益な短期的影響があった証拠が提示されているが、開発への貢献という点においては、主に2つの側面から異議が唱えられている。第一に、彼らが注力する予防接種の「垂直型プログラム[◇8]」は、国家の保健医療システムの進化を妨げてきた。国家の保健医療システムは、貧しい人々が直面する種々雑多な健康問題に対応しなければないが、そのほとんどはゲイツ財団の支援する予防接種のような容易な技術的対処法などないのだ。第二に、反民主的だという指摘がある。私は2012年にウガンダでこのことに気づいた。私の学生の1人が保健大臣に「ウガンダにおける将来の保健医療で優先すべき課題は何か?」と尋ねたとき、大臣は「私に聞かず、ビル・ゲイツに聞いてくれ。彼が何に資金提供するか決め、援助ドナーは彼に追随し、そしてそれがウガンダの優先課題になるのだから」と答えたのだ。

問題は政治なんだよ、わからず屋さん

開発における援助機関と外部アクターの役割は、過大評価されてきたのではないかという説が、近年有力になっている。バードサルと彼女の共著者は、「開発はそもそも貧困国自身によって決定されるべきものであり、外部者は非常に限定的な役割しか果たすことができない。……経済的支援は、特に最貧困の国々においては、成長のきっかけを与えることはほとんどない」[12]と主張する。深刻な課題は、資源の不足なのではなく、制度あるいは統治の問題に起因していると見なしている。

冷戦終結以降、援助と開発に関わる機関は「安定した」国家と「脆弱」国家における活動

は明確に区別してきた。それは、どのような開発途上国であっても、自然な状態というのは、平和で政治的にも安定し、政府が機能しているはずであり、このような状態にない国に対しては安定するまで特別処置が必要であると考えたからである。世界がそれほどシンプルに割り切れるなら世話はない。著書『国家はなぜ衰退するのか（原題 "*Why Nations Fail*"）』において、ダロン・アセモグル◇9とジェイムズ・ロビンソン◇10はそのような立場の愚かさを指摘する。◆13すなわち、政治的安定性と法の秩序、実効力のある統治を実際に達成しているのは、世界の２００以上の国々の中でわずか約35カ国から40カ国にすぎないのだ。それ以外の大半

◇訳注8　万人およびすべての疾患を包括的に扱う「水平型」に対し、「垂直型」はマラリア対策や結核対策のように、疾患別に対象者を選別し、特定疾患の罹患率や死亡率を短期間で改善しようとするプログラム。
◆原注12　Birdsall et al., '*How to help poor countries*', 136-7
◇訳注9　Daron Acemoglu（1967～）。トルコ出身、アルメニア系アメリカ人の経済学者、マサチューセッツ工科大学教授。
◇訳注10　James A. Robinson（1960～）。イギリス出身の政治学・経済学者、シカゴ大学公共政策大学院ハリススクール教授。

の国々は未だに国家形成の初期段階にあるか、「十分に良い統治」（経済成長や基本的福祉の改善が可能なほどの状態）を目指して苦労している状況だ。1990年代にドナーは、議会や複数政党選挙、反汚職機関、分権化、国営企業の民営化を含む「良い統治」を貧困国に強いる努力をしたが、それが成果よりはむしろ損害を生んだということを、私たちは後知恵として知っている（ロシアで起きたことはその一例である）。

この立場に立つならば、善意の外国人や援助機関が優先すべき課題は、次の2つだ。（i）人間が生き伸びることができるように人道的なニーズを満たすこと。（ii）腐敗した国家のエリートが、経済を略奪したり、（議会や裁判所、警察、政府官庁などの）行政組織を弱めたりする可能性を減じること。そのためには「文脈こそが鍵である」と肝に銘じた分析が必要である。すなわち、成長に貢献するためには、どのような介入であっても政治経済学、社会構造、国家や地域のリーダーに対する深い理解に基づいて計画されなければならないということだ。

これは援助を、明確に設定された問題に対する技術的解決方法だと、長いこと信じてきた援助機関にとっては、困惑するメッセージである。援助機関が貧困国を支援するには、政治的分析が必要であるのみならず、ときには主権国家における政治変革に直接従事する必要もあるということ（これは言葉を換えれば政治介入である）を示唆する。それだけでも厄介なのに、おまけに貧困国（あるいは貧困国の貧しい人々）の支援がうまくいくかどうかを予想するのは難しい、と公に認めてしまうと、自国の納税者を不安にさせてしまいかねない。もし有益な結果が確信できないとしたら、わざわざ他国に援助を与える理由がどこにあるだろうか。そもそも、「愛はまず身内から」と言うのだし……。

個々の援助プロジェクトから大きな見取り図へ

『最底辺の10億人（原題“*The Bottom Billion*”）』の中でポール・コリアー[◇11]は、「援助には深刻な問題があり、また大きな限界がある。……しかしともかく援助は問題の一部ではなく、解決の一部である。この難問を解決するには、他の行動で援助を補わなければならない[◆14]」と

◆原注13　Daron Acemoglu and James A. Robinson, *Why Nations Fail: The Origins of Power, Prosperity and Poverty* (London: Profile Books, 2012).（邦訳：ダロン・アセモグル、ジェイムズ・A・ロビンソン、『国家はなぜ衰退するのか――権力・繁栄・貧困の起源』、鬼澤忍訳、早川書房、2013年）

◇訳注11　Paul Collier（1949〜）。イギリスの経済学者、オックスフォード大学経済・公共政策部教授、元世界銀行調査開発部長、2014年爵位受章。

結論づけた。では、どうすれば援助効果を向上させられるのだろうか。そして「他の行動」とは何だろうか。

貧困削減に対する援助の貢献度を上げるのは、簡単な仕事ではない。だがいくつかの手はずは明らかになっている。第一に、援助を紐つき（これはドナー国からのモノやサービスの購入だけを意味しない）でなくすこと。その結果、援助で提供されるモノやサービスのデリバリー・コストを削減でき、より貧しい国（援助受け取り国や近隣の途上国）のモノやサービスを利用する機会の増加につながるだろう。アフリカの国々がより低価格でより速く緊急食料援助を提供できるとしたら、高価なアメリカの穀物を、はるばる大西洋を渡る船で輸送する必要があるだろうか？　第二に貧しい人々と、とても貧しい人々の手に直接現金が渡るよう援助を使うこと。現金給付は、短期的には貧困削減に、中・長期的には人間開発の促進に著しく効果的であることが証明されている。第三に、貧しい人々のための公共財の創出に援助を優先的に使うこと。これは特に貧しい人々の主要な健康問題にとって重要である。彼らをさいなむ疾病は金持ち世界の製薬・健康関連企業にとっては優先度が低いので、放置していたら誰も薬を開発しない。同様に、資金不足の熱帯農業研究にももっと資金を回す必要がある。第四に、援助を貧しい人々にデリバリーするプロセスを改善すること。その使いみちを計画できるよう、援助額をより予測可能にすること。合意した改革を実行しドナー間の協調を改善すること。政策条件（コンディショナリティー）を減らし、援助受け取り国側の政府が国家経済政策を計画できるような余地を与えること。これらのどの改革もロケット科学など必要としない。それぞれの改革から生じる利益はたくさんの事例から実証されている。そしてこれらのすべては政治的支援さえあれば比較的実行しやすいものである。

さらに、「援助のその先」からより大きな見取り図へと移行する際に、金持ち国が遂行すべき補足的政策変更はどのようなものだろうか。これらの変更を実行するのは多くの困難を伴うだろう。なぜなら金持ち国の経済的および政治的権力を持つグループの既得権と対決することになるからである。これについては後の章でも議論するが、ここにも挙げておこう。

- 貧困国と貧しい人々が貿易から生じる、より大きな分け前と利益を得ることができるよう、国際貿易政策を改革する。

◆原注14　Paul Collier, *The Bottom Billion: Why the Poorest Countries Are Failing and What Can be Done About It*（Oxford: Oxford University Press, 2007）: 123.（邦訳：ポール・コリアー、『最底辺の10億人』、中谷和男訳、日経ＢＰ社、２００８年）

・国際移住を貿易政策の要素として、ならびに貧困削減の非常に効果的な手段として認知する。
・気候変動に対抗する行動（緩和と適応への支援）をし、金持ち国が地球温暖化を引き起こした歴史的役割における責任をとる。
・貧しい国から金持ち国へと（企業や国家のエリートによって）収入や財産が横流しされるのを止めるよう、地球規模の資金調達を改革する。
・脆弱な国や地域に対する武器貿易を制限し、シエラレオネにおけるパリサー作戦[◇12]の成功例のような特別な場合に（予算、技術、そしてときには実戦部隊も含む）軍事行動の支援を慎重に検討する。

これらは簡単な備忘録にすぎない。大きな見取り図に向き合うということがどのようなことかは、次に詳しく見ていこう。

◇訳注12　シオラレオネ内戦（1991年～2002年）において、イギリスが2000年5月7日に開始した軍事介入のコードネーム。

3

何ができるのか？

対外援助が金持ち国が貧しい人を救う主な手段でないとすれば、いったいどのような政策が効果的なのであろうか？　貧しい国々は現代資本主義とどうやって折り合っていけばよいのか、そして経済成長はどうやって公正かつ持続可能なものとなりえるのか？　まずは、成長から見てみよう。

成長に関するつかみどころのない探求◆1

金持ち国、そしてそれらの国々がコントロールしている多国間開発援助機関は、これまでずっと貧困の救済には経済成長が必要だと主張してきた。しかし同時に、ハジュン・チャン◇1によれば、彼らはしばしば「悪しきサマリア人◇2」であり続け、途上国における成長の繁栄の芽を摘み取ってきた◆2。これを止めなければならない。金持ちの国々は善きサマリア人となら

◆原注1　William Easterly, *The Elusive Quest for Growth: Economist's Adventures and Misadventures in the Tropics*（Cambridge, MA: MIT Press, 2001）.（邦訳：ウィリアム・イースタリー、『エコノミスト――南の貧困と闘う』、小浜裕久・織井啓介・冨田陽子訳、東洋経済新報社、2003年）

◇訳注1　Ha-Joon Chang（1963〜）。韓国出身の経済学者、ケンブリッジ大学経済学部准教授。

なければならない。

現代における政策論争の中で、雇用を創出し福祉を促進するような経済成長をどうやって達成するかをめぐる議論は、西欧、北米、東アジアにおける成長経験を理論化する過程で生まれてきた。中心となる論点は、政府と市場との役割分担にある。左派のイデオロギーでは、政府は開発をもたらすものであり、政府だけが成長を促し、さらには民間セクターが労働者や貧しい人から搾取することを止めることができる公的な財（法と秩序、人的資本、インフラストラクチャー）を提供できる主体であると考えている。一方、右派の考えでは、政府は開発にとって主な障壁になっていると見られており、市場に物事を任せておきさえすれば、成長が確保され、経済成長の「トリクルダウン効果[◇3]」によって貧困は削減されるとする。１９５０年代から１９６０年代にかけて、ほとんどの途上国はこれら2つの極論から距離を置き、その中間である政府主導による複合的な経済政策をとっていた。これは、アメリカやその他諸国の支持を得ながら、国連や世界銀行によって推奨されてきた方針であった。この戦略では、輸入代替工業化[◇4]や幼稚産業保護政策[◇5]などを用いて経済成長をめざし、多くの国で国家五カ年計画を核としていた。これに対して、資本主義経済世界とは絶縁し、全体主義的中央計画によって政府がコントロールする急進的な共産主義の代替戦略は、ビルマ（現ミャンマー）、カンボジア、中国、キューバ、北朝鮮、北ベトナム（現ベトナム）等のいくつかの国で実施された。しかし、国民の健康状態と教育環境が急速に改善したキューバを例外として、このような強硬な戦略は成長のためには悲惨であっただけでなく、さらには抑圧と（カンボジアや中国での）虐殺すら引き起こすことになった。

すべては1970年代後半の新自由主義の世界的な優勢と、1980年代の債務危機によって変わった。援助受け取り国のほとんどで、IMFと世界銀行による構造調整プログラム◇6

◇訳注2　聖書でたとえ話として出てくる自らの不利益のリスクを顧みずに隣人を救う「善きサマリア人」を皮肉交じりに真逆に述べたもの。

◆原注2　Ha-Joon Chang, *Bad Samaritans: Rich Nations, Poor Policies and the threat to the Developing World* (London: Random House Business Books, 2007).

◇訳注3　マクロ的な経済成長の成果が、貧困層にも行きわたる（トリクルダウン）とする考え。（一部抜粋：国際協力用語集、p.215）

◇訳注4　主に1950年代から1960年代に開発途上国でとられた、輸入を国内生産で代替する協業化戦略。（抜粋：国際協力用語集 p.285）

◇訳注5　幼稚産業保護政策とは、未成熟な（幼稚な）特定の産業や分野を高い関税や輸入禁止などによって、それらの産業や分野が十分に国内で育成されるまで、国際的競争から保護しようとするものである。（一部抜粋：http://www.oecd.org/trade/tradeanddevelopment.htm）

が適用あるいは強要されたのである。これらのプログラムは、政府の役割を縮小させることに力点を置き、事実上、すべての経済開発活動と多くの社会政策を政府から民間セクターに移行させた。ワシントン・コンセンサス◇7による「民営化、自由主義化、規制撤廃」のスローガンは、成長と福祉をもたらす自由な市場を創りだすことを模索した。しかしながら、このようなモデルが前提とした理論的に完全な市場は、現実には存在しない。構造調整という薬を飲まされた多くの国では、成長率は低いまま変わらず、あるいは鈍化した。ときには貧困は深刻化し、特に低所得国の都市部の世帯や女性に被害をもたらした。「利用者負担」の導入により、多くの貧しい人々のための基礎医療や基礎教育へのアクセスが悲劇的に悪くなった。1990年代に入ると、成長の欠如と負の影響に対する懸念が強まり、構造調整政策は緩和された。こうして経済戦略に関する活発な議論が戻ってきた。この議論では、IMFと世界銀行が主張する自由化による成長戦略に対し、政府と市場と市民社会の役割に期待し、保健と教育へのより多くの支出を主張する国連の人間開発戦略（Human Development Strategy）が対比をなしていた。

これらの議論は、現在、白黒はっきりつけられるようなものではなくなっている。一線級の研究者や開発援助機関は、成長がどうやって貧しい人のために貢献しうるのか（それは市場を通じてなのか、政府を通じてなのか）、人間開発に関わる諸政策の中でどの分野を優先するのか（何が福利厚生のためになるのか、そして何が将来の経済成長のためになるのか）、そして最も適切な形のサービス提供方法は何か（官なのか、民なのか、あるいは官民連携なのか）、といった議論をしている。これはみなが「中心」にいるということを示しているわけではない。いくつかの戦略、中でもハイブリッド戦略はワシントン・コンセンサスの立ち位置に近いし、他は政府主導の混合経済の立場をとっている。世界銀行の調査部門と一連の世界開発報告（World Development Reports）は１９９０年代以降、国連の立場に大幅に近づいたが、これは開発における政府の中心的な役割が認識され、拡大する不平等が貧困との闘いにおいて問題であることに気づいたからである。ＩＭＦの研究者ですら、今は成長のためには所得

◇訳注6　1970年代に累積債務問題に苦しんだ途上国が、債務返済のためのつなぎ資金が援助として投入された際に、当該国の経済構造変換が世界銀行から求められたもの。（一部抜粋：国際協力用語集 p.90–91）

◇訳注7　１９９０年頃のワシントン（米国財務省、ＦＲＢ、世銀、ＩＭＦ）の多数派見解を要約したもので、財政規律の強化、税制改革、貿易自由化、民営化、規制緩和、等が掲げられた。今日では、市場原理主義のイデオロギーと政策勧告のあり様を指すものとして用いられる。（一部抜粋：国際協力用語集 p.298–299）

の不平等が良くないということを憂慮している。

しかしながら、この世界銀行とＩＭＦの研究成果における緩やかな方向転換は、それら2つの組織の政策指導に同様な変化をもたらすまでには至っていない。これらの組織の中であるいは組織間で、どの政策が最善か、については熱い論争が繰り広げられている。ノーベル経済学賞受賞者のジョセフ・スティグリッツ[◇8]は、典型的なＩＭＦの安定化プログラムが経済成長を失速させているという実証結果を強調したがために、世界銀行を辞めさせられた。また、とある信頼できる外部評価は、世界銀行の成長に関する研究について、「このテーマの研究の多くは、致命的な欠陥があるので、現時点でこれらの結果は到底、信頼できるとはみなせない[◆3]」とした。世界銀行の調査部門は、どちらかというと検証が十分にされていない自由主義を支持する立場の研究を使い、「実証結果に対するバランスのとれた見解を示さず、そして明らかな懸念点を示すこともなしに、世界銀行の政策に沿った改宗を促す」ために利用した。そして、「内部調査のうちで世界銀行の立場にとって都合の良いものは重用され、都合の悪い内部調査は無視された」。

世界銀行とＩＭＦによる自由市場主義志向の立場は、近年では弱まり、世界銀行の公式見解は、国連的な立場により近づいている。それは国々が成長と人間開発とより良いガバナンスを達成しなければならない、という複数のセクターの同時追及アプローチが強まっているからである。しかし、主たる論争は残ったままである。それは世界銀行がＩＭＦ同様にマクロ経済安定化と経済成長をまだ優先させるのか、その政策を教育や保健や社会的保護への支出を犠牲にし、現在苦しんでいる人を増やし、将来の経済成長や社会的進歩に貢献しうる人々の可能性を摘み取ることになっても行うのか、という点にある。身内の研究者たちの非主流派的な研究成果が増えているにもかかわらず、ＩＭＦの新自由主義的文化は損傷のないまま残っている。２０１４〜２０１５年のエボラ出血熱の危機を悪化させたのは、それ以前に西アフリカ諸国がＩＭＦに押し付けられた、保健に関する支出の抑制だったのである。◆4

ＩＭＦと世界銀行の処方箋が何を命じようとも、貧しい国々は今や非主流派的な戦略に向かおうとしている。これは、上手に計画された政府の介入によるマクロ経済戦略が貧困削減

◇訳注8　Joseph Stiglitz（1943〜）。アメリカの経済学者、コロンビア大学ビジネススクール・経済学大学院・国際公共関係学部教授、２００１年ノーベル経済学賞受賞。

◆原注3　Angus Deaton et al., *AN Evaluation of World Bank Research, 1998-2005*（Washington, DC: World Bank, 2006）: 53.

◆原注4　Alexander Kentikelenis, Lawrence King, Martin McKee and David Stuckler, 'The International Monetary Fund and the Ebola outbreak', *The Lamcet Global Health* 3(2) (2015): e69–e70.

を達成しながらの成長を生み出しているという多くの証拠に基づくものである。しかし、さらに特筆すべきは、他の資金源が入手可能となると、世界銀行とＩＭＦの政策を押し付ける能力が減じられるということである。これらは２００２〜２０１３年の国際的な商品価格の急騰と中国とＢＲＩＣＳの融資と投資が登場したことによる。

近年途上国では（サブ・サハラアフリカの数カ国を含めて）、安定した経済成長を遂げている。そして南側の政府と国際機関の間では、この経済成長を長期間持続可能な成長のパターン、すなわち「構造変革」に結びつけることへの関心が高まっている。構造変革なしでは（つまり生産性の低い伝統セクターから生産性の高い近代セクターへの労働者の急激な移動なしでは）、経済成長は「一時的活況」でしかない。ワシントン・コンセンサス政策への批判勢力は、構造変革は経済の自由化を優先することなしでも起こることを示した。東アジアの虎たち[9]は、注意深く導入された貿易や産業政策によって、構造変革をなし遂げた。それは経済政策の基礎を改善したり[10]、民主化したりすることなく達成していったのだ。ハジュン・チャン、リカルド・ハウスマン、ラント・プリチット[11]、ダニ・ロドリック[12]、ジョセフ・スティグリッツ等の学者によるこうした研究は、実社会の（ぐちゃぐちゃで多様な）文脈を踏まえた分析であり、仮想的な「平均的な貧しい国」にとってどんな政策が最適でありうるかを考える詭弁の推測に基づいたモデルよりも、より信頼できる研究だとみなされるようになっている。

政府と市場の役割に関する論争は新しい転換期を迎えた。低所得国においては、構造変革は、市場に任せたままでは不可能であり、持続可能な成長には政府と市場の両方が必要だと考えられるようになった。政府は、近代民間セクターが成長するための経済活動の技術的な向上に重要な役割を果たし、道路や港のインフラを提供し、教育を提供するという役割がある。同様に、グローバル化した経済において競争するための起業家精神や管理能力や熟練労働者が伴ったダイナミックな資本主義セクターと近代民間セクターの成長なしに構造変革は不可能なのである。

◇訳注9　１９８０年代に経済成長した、韓国、台湾、香港、シンガポールを指す。
◇訳注10　Ricardo Hausmann（1956～）。ベネズエラ出身の経済学者、ハーバード大学ジョン・Ｆ・ケネディ行政大学教授。同大学国際開発センター所長。
◇訳注11　Lant Pritchett（1959～）。アメリカの開発経済学者、コロンビア大学ビジネススクール・経済学大学院教授。
◇訳注12　Dani Rodrik（1957～）。トルコ出身の経済学者、ハーバード大学ジョン・Ｆ・ケネディ国際政治経済（フォード財団）教授。

財源：マリはデンマークのように振る舞えるのか？

常識はようやく開発のための財源に関する議論にたどり着いた。何十年にもおよぶ国際開発援助機関による対外援助の役割の強調と外国直接投資への賛美の後、国内資源の動員が一国の開発の中核であるという認識が出てきた。国連のＳＤＧｓのワーキンググループと国連事務総長のハイレベル委員会（High Level Panel）は「国内資源の動員の強化、当該国内の税金とその他の収入の徴収能力の改善」の重要性を認識している。長い間無視されてきたが、開発のために最も重要な財源である国内資源が今、議論の中心となっている。ほとんどの低所得国や中所得国では、国内資源がすでに大部分の資金源を提供しているというだけではなく、当該国の開発戦略の主導権を確保するということ、そして援助や外国直接投資よりも予測可能であることから、そうあるべきなのである。

そのため、開発にとって重要な財政的な問いとは、「どうやったら、国内資源をもっと動員できるか」ということになる。模範的な回答は「国際的な好事例に倣って、税金の徴収（国内総生産における税収の割合）を増やすことだ」ということになる。しかしながら、例えばマリにデンマークのように振る舞わせることは、滅多にうまくいくものではない。もし税制改革が容易ならば、35年間もの間ＥＵの加盟国であったギリシャではより多くのことが遂行できたはずである。税金は「粘着質」であり、大きな改革を試みても、たいていはほんの少しの変化しか生み出さない。なぜならば、それらは現在の制度によって利益を得る主要な既得権益団体によって骨抜きにされてしまうからである。多くの貧しい国々では、援助供与国推奨による付加価値税（Value Added Tax: ＶＡＴ）の導入と独立的な税収組織（Semi-Autonomous Revenue Agencies: ＳＡＲＡｓ）の設立は徴税努力にわずかな増加をもたらすのみである。低い徴税努力は税制度というよりも、貧しい国々の経済構造上の問題であろう。農村部の貧しい人々を中心に構成されている国にＯＥＣＤ諸国のように今すぐ35％から40％という課税を期待することはできない。政府の能力と社会規範の漸進的進歩を引き起こしつつ、よりフォーマルな経済への移行もしながら数十年かかって、ようやく到達できることだろう。しかし、進歩は可能である。例えば、タンザニアでは２００１～２００２年に９・６％だった対ＧＤＰ比の税収を、２００９～２０１０年には14・６％に引き上げている。

課税と天然資源採掘からの採掘権料（鉱石、金属、石油、天然ガス）は特に重要である。「資源の呪い」◇13に関するたくさんの実例がある。より正確には、より貧しい国々における

◇訳注13　天然資源を豊富に有する国において、資源賦存が工業化や経済発展の遅れをもたらしたり、汚職や腐敗を蔓延させて民主主義を停滞させる逆説的な現象。（抜粋：国際協力用語集 p.138）

「政治的な資源の呪い」である。天然資源の採掘に依存し、汚職レベルが高く、農業や工業などの生産部門が公共政策やビジネスエリートたちからは無視されている途上国においては、説明責任と民主的なプロセスは弱体化している。国民1人当たりの国民総所得（GNI）は上昇しても、雇用なき成長、弱い社会政策、政府と市民の関係の破綻が貧困をより深めている。ナイジェリアが古典的な資源の呪いの事例であるが、同様の例は山ほどある。1970年代前半に石油が「発見」されてこのかた、ナイジェリアは石油輸出によって何十億米ドルもの収入を得たが、46％もの人口がいまだに1人1日1・25米ドル未満で暮らしているのである。ナイジェリアの上層階級はプライベートジェットを保有したり、ヒューストン、ロンドン、ジュネーブに家を持ったりしているが、同じ国民の半分は、水も、トイレも、電気もなく、生活しているのだ。

天然資源の富が多くの人に行き届くように利用するための国際的な支援はしばしば「好事例」の模倣を推奨する。多くの場合それは、ノルウェーやチリをモデルとした政府が出資する政府系投資ファンドの設立を促すが、このやり方はあまり結果を生み出せていない。最近、ガーナで石油と天然ガスが発見された際、政府高官一行が石油による歳入をどのように管理するのかをノルウェーに学びに行った。それにもかかわらず、2014年にガーナ政府はIMFからの緊急融資を要請しなければならなくなった。ガーナ政府は将来的な石油の歳入をベースに多額の借り入れを行ったことにより、返済スケジュールが滞ってしまったからである。そして、それ以降、石油の価格は半減した。ガーナ人に、石油が神からの恵みだったのか、呪いだったのか、を聞けば、その答えを予想するのは容易であろう。

天然資源の採取は、しばしば国内の上層階級と多国籍企業による反道徳的なあるいは違法な資金の移転（電信送金やスーツケースに詰め込んだ100米ドル札によるもの）や物資の移転を伴う。そのような反道徳的な流出は多くの他のセクターでも一般的になっている。国連アフリカ経済委員会（The UN Economic Commission for Africa）はアフリカ大陸が毎年、反道徳的な資金流出によって、「年間500億米ドル以上」を損失していると見積もっている。グローバル・ファイナンシャル・インテグリティ◇14（Global Financial Integrity：GFI）によれば、途上国で操業する多くの国際的企業は税金逃れのためにタックス・ヘイブン◇15を利用して、本来ならばそれらの企業が納めるべき採掘権収入と税金という歳入を途上国政府に納め

◇訳注14　2006年に設立されたアメリカの民間研究機関（シンクタンク）で、世界の金融市場システムの透明性の確保や不正行為の防止等の調査をしている。（参照：アクセス2017年5月27日：http://www.gfintegrity.org/about/）

ずに国外に流血させているのだ。巨額の売り上げをあげながら何十年も操業してきたにもかかわらず、利益の国外送金操作によって、それらの企業は少額の利益、あるいは収支とんとんの申告をしている。とある多国籍食料企業がガーナに工場を立ち上げ、すぐに年間100 0万米ドルの利益を生み出すようになった。しかしながら、その企業はスイスにある姉妹企業へ企業ブランドの利用料を、イギリス領ジャージー島にある子会社に「マネジメントサービス」として多額の支払いを行っているため、ガーナにおけるその利益はゼロとして報告されている。法人税が25％であるガーナから、法人税が0％にできるタックス・ヘイブンにその利益を移し変えることで、企業は税支払額をほとんどゼロにすることができる一方、ガーナは250万米ドルの税収を失うことになる。GFIによると、途上国が受け取る政府開発援助（ODA）あるいは外国直接投資（FDI）の1米ドルごとに、反道徳的な流出が10米ドルあるとされている。これらの数字は推定ではあるが、たとえ多く見積もられていたとしても、より貧しい国々にとっての損失が甚大であることは間違いない。

海外のタックス・ヘイブンをベースとする、弁護士、会計士、金融業者といったべらぼうに高給取りな連中たちは、多国籍企業の利益移転や裕福な人々による企業の所有を隠蔽する手助けをしている。ボーダフォン、スターバックス、グーグルなどによる税金逃れの暴露がトップニュースに連なるようになり、イギリス政府が気がついたのは、タックス・ヘイブンを利益移転と税金逃れのために利用することは、現在多くの大規模な多国籍企業のビジネスモデルに初めから組み込まれているということだった。より貧しい国々にとっての朗報は、いくつかの金持ちの国々、そしてG20、続いてG8とOECD（国際的な税制度を決める組織）は多国籍企業による税金逃れに真剣に取り組み始めていることである。しかし、変化への抵抗を甘く見てはならない。これらの企業は、経済的に、政治的に、とても強力なのだから。

開発資金調達のための、他の大きな変化も進行中である。2014年にBRICS諸国の指導者が新開発銀行（the New Development Bank: NDB）の設立を表明した。それは500億米ドルの資本を持ち、途上国におけるインフラストラクチャーと持続可能な開発プロジェ

◇訳注15　タックス・ヘイブン（Tax Haven：租税回避地）について統一的な定義は無いが、一般的には税金の無い国・地域又は著しく低い国・地域を指し、その税制を利用した国際的な脱税や租税回避行為の温床となっているとされる。企業やファンドがタックス・ヘイブンに子会社等を設立して所得を留保し、本国からの課税を逃れるなどの手法のほか、犯罪から得られた（略）。（抜粋：アクセス：2017年5月27日：http://www.sangiin.go.jp/japanese/annai/chousa/rippou_chousa/back-number/2010pdf/20100901016.pdf）

クトに資金を提供する。そして、財政危機に直面している国への緊急融資を行う外貨準備基金（Contingent Reserve Arrangement：ＣＲＡ）の構想も発表された。ＮＤＢとＣＲＡはこれまで世界銀行とＩＭＦが行ってきた役割を果たしていくことになるだろう。ＢＲＩＣＳ諸国がこれらの機関を効果的に管理するための、協調的な能力を進化させ、資金源を拡大していくことができれば、開発のための資金と途上国向けの緊急融資の選択肢は広がることになり、ＩＭＦと世界銀行が押しつける融資条件に同意する必要性は低くなるだろう。

開発のための資金に関する交渉にあたって最も大切なことは、より大きな枠組みに注目することである。すなわち、国内資金を動員すること、タックス・ヘイブンを用いたより貧しい国々からの反道徳的・違法な資金流出を撲滅すること、民間資金を誘導すること、送金をより有効に活用すること、政府開発援助をもっと予測可能にすること、世界銀行とＩＭＦのガバナンスを改革すること、そして、一連の多国間取り決めの進化を後押しすること、などである。

貿易政策：自由貿易からフェアトレードへ

貧しい国々の貿易政策が、金持ち世界のメディアで取りあげられることはないが、ヨーロッパや北米の市民の日常生活の一部に組み込まれている。ロンドンやオタワにおいて、フェアトレード認証ではないコーヒーを見つけることは難しい。食料と知的財産権◇16（特に医薬品）の貿易は貧しい国々にとって特別な関心事である。1999年の世界貿易機関（WTO）総会開催時には、金持ち国が貧しい国々に押しつけている貿易政策に対する怒りが暴動となってシアトルを麻痺させた◇17ものの、こうした動きも今では勢いを失っている。公正な貿易をめぐる議論を再び議題にのせるためには、金持ち国が貧しい国々に対して交換条件なしに市場アクセスを与える「片務的な」貿易交渉という、野暮ったいアイデアが勢いを増すようにならなければならない。

歴史上、そして今日においてもなお貿易をめぐる重要な論点は、「自由貿易」と貿易保護政策の対立である。19世紀において、この論争とこれにまつわる時折の抗議運動は、（私の

◇訳注16　開発における知的財産権の考え方は、途上国の発展には先進国からの技術移転が必須であるとされるなか、知財が技術移転を阻んでいるという見方がされている。（抜粋：国際協力用語集 p.200）

◇訳注17　1999年、アメリカ・シアトルで開催されたWTO第3回閣僚会議において、グローバリズムに反対する約5万人が抗議デモを行った。一部の参加者が、警察部隊と衝突して火炎瓶を投げたり、店舗を壊すなど過激な抗議行動を行い、非常事態宣言が出される程であった。（参照：警察庁HP：「反グローバリズム運動とは？」https://www.npa.go.jp/archive/keibi/biki/apec/text/p03-1.html）

学問の拠点でもある）マンチェスターの日常生活の一部であった。一方の論陣は反穀物法同盟（工場の所有者や工場労働者によって支持された）によるもので、農産品の「自由貿易」を要求し、カナダからの安い穀物輸入によって都市の食料価格が引き下げられると主張した。その結果、食料をより安く労働者に提供することができるので実業家にとっては労働者に支払う賃金を削減することができるようになる、というものであった。反対勢力は、政治的に有力であり農業によって潤っていた地主階級で、麦の輸入に高い関税をかけている穀物法の廃止に反対した。最終的に、（穀物における）自由貿易派が勝利し、マンチェスターは世界で最初の産業都市として繁栄することになった。ただしこの自由貿易は穀物に限ったものであり、強大な帝国主義の権益に基づき、植民地に対しては綿製品の製造を禁止する保護貿易的な政策を実施していた。つまり、帝国主義側にだけ都合の良い自由貿易だったのだ。

それから時を経て、１９８０年代、１９９０年代には、新自由主義者が世界中の完全な貿易自由化を目論んでいた。こうしてグローバリゼーションの時代が開花すると、アジア（特に中国とインド）における経済成長率の急伸を招いたが、同時に多くの国を（10億人から30億人の人々を）貧困の中に置き去りにした。こうして21世紀初頭、貿易に関する論争が再び持ち上がる。影響力のあるＷＴＯと学術界の双方の中で、途上国が貿易政策を考える際に、「政策の（判断が入り込む）余地」や「開発の（ための考慮をする）余地」の必要性が、徐々に議論されるようになってきている。

主流派自由貿易論とWTOを批判するロバート・ウェイド◇18などは、途上国において、経済多角化と高度化のための政策に関する「開発の余地」は縮小している、としている◆5。ウェイドと志を共にする研究者たちは、途上国は世界市場において競争が可能な状態となるまで幼稚産業を保護するという、的を絞った保護貿易を精力的に活用できるようにする必要があると主張する。これまで首尾よく産業化した国々はこの政策を採用したのであり、歴史は保護貿易が繁栄の原動力の一部でなければならないことを示していると彼らは言うのである。「政策の余地」の見解の擁護者は、途上国は、これらの成功した政策を真似できるようにする必要があり、よってWTOは、必要があれば途上国が関税を上げることを許可するべきだ

◇訳注18　Robert H. Wade（1944～）。ニュージーランド出身の政治経済学者、ロンドン・スクール・オブ・エコノミクス（LSE）国際開発学部教授。
◆原注5　Robert H. Wade, 'What strategies are viable for developing countries today? The World Trade Organization and the shrinking of "development space"', Review of International Political Economy 10(4) (2003): 621–44, 622.

とする。

自由貿易に賛成する金持ち国や多国籍企業は、逆の立場をとる。彼らはＷＴＯ協定による保護貿易の防止は、途上国がＷＴＯに加盟する重要な便益の１つであるとする。この原則のおかげで、途上国の政府は非効率的な産業の保護を求める国内利益集団の圧力をはねのけることができるからである。一方で金持ち国や西洋の多国籍企業は、自由貿易政策のあり方を自分たちに都合良く決めることができる、という強力な経済的優位性を持っており、金持ち世界の製品のために貧しい国の市場を開放させながら、貧しい国々が比較優位を持つ製品が金持ち国の市場に流入するのを阻止するのである。

１９９５年のＷＴＯの設立は、その前身である「貿易と関税に関する一般協定（the General Agreement on Tariffs and Trade：ＧＡＴＴ）」が注力してきた工業製品の分野をはるかに超える財やサービスにまで、多国間貿易協定を拡大した点で大きな進歩だとみなされた。ＷＴＯは農産物も貿易交渉の対象に加えたが、すぐに農業に関する協定は重大な欠陥を抱えていることが明らかとなった。それらの欠陥は、農業が貿易交渉で最も議論を引き起こす部分であり続け、先進国にとっても途上国にとってもやっかいな問題を引き起こすことに由来する。現在の交渉ラウンドである２００１年に始まった終わりの見えないドーハラウンドにおいては、工業化諸国は、途上国の農家に被害を与えているにもかかわらず、自国内の農家に支払っている補助金をやめることには消極的である。とりわけ争点になっているのは、世界の綿花価格を26％も引き下げ、他国の綿花農家の収入を減らす結果となっているアメリカの綿花農家への補助金である。この問題は、「コットン４」と呼ばれる西・中部アフリカ４カ国――ブルキナファソ、ベナン、チャド、マリ――という世界の中でも最も貧しい国々で一番の問題となっている。

農産物の貿易自由化は、生産性の低い小規模農家を多数抱える途上国にとって問題含みである。インドに代表されるそのような国々にあっては、農業自由化で小規模農家の生活に打撃を与えれば、結果として政府が選挙により退陣させられることになるという危惧があるので、安価な農業輸入品に市場を開放することに慎重である。途上国はドーハラウンドの交渉において常に、食料安全保障と生活保障を守るため、彼らにとっての「特別な産品」を保護することを、一定程度許容されるべきであると主張してきた。「途上国のための特別セーフガード・メカニズム（ＳＳＭ）」が導入されたとしても、この仕組みの詳細を見れば、事実上交渉はほとんど不可能だと思われる。多くの金持ち国（特にアメリカとフランス）における農家と農業関連産業団体はとても強力な政治的地盤であり、中央政府（そして大統領でさえ）も立ち向かえない。２０１３年12月のＷＴＯのバリ首脳会合では、金持ち国と新興諸国や途上国が合意に達しそうに思われたが、この期待は翌年にはしぼんでしまった。◆6

金持ち世界とより貧しい国々との間で、対立が顕在化するもう1つの分野に知的財産権がある。知的財産権の貿易関連の側面に関する協定（Trade-Related Intellectual Property Rights: TRIPs）は、1994年に署名され、商標権と知的財産の保護の最低基準を諸国が適用するようにした。TRIPsは、その結果、貧しい国々に対するエイズの薬の費用を引き上げたとして、大きな批判を受けることとなった。貧しい国々は、従来、先発製薬よりも90％まで安価となるジェネリック薬品を輸入していた。しかしTRIPsの導入の結果として、こうしたジェネリック薬が入手できなくなり多くのアフリカの人々（おそらく、何十万人、そして多分、何百万人）が、天寿を全うせずに死んだ。これに対抗して、南アフリカをはじめとする途上国のNGOや、アメリカやヨーロッパのゲイのコミュニティが圧力をかけた結果、2003年には貧しい国々がジェネリック薬品を輸入することを容易にする合意が得られた。しかしながら、この決定は面倒で官僚的な手続きを経ることが必要であり、重要な薬品へのアクセスを遅らせることとなった。一方でウルグアイラウンド協定◇19の中にTRIPsを含める際に正当な理由として用いられた「貧しい国々における予防可能な病気に対して、金持ちの世界の製薬会社が研究開発費用を増やすことになるだろう」という想定は絵空事であった。このことは、すべての熱帯病に当てはまるが、エボラ出血熱の研究の欠如によって明白に立証された。

事態はさらに悪くなっている。ＴＲＩＰｓは金持ち国が、貧しい国による知的財産権へのアクセス制限をする、最も厳しい規制ではない。ＷＴＯの交渉がほとんど進まないことをみて、多くの金持ち国は途上国との二国間や複数国間の自由貿易協定に舵を切り、ＥＵとアメリカがこれをさらにけん引している。彼らはこれらをｗｉｎ‐ｗｉｎ協定であると論じる。しかしながら、交渉におけるアメリカとＥＵの立場は低所得国に比べて、政治的、技術的に圧倒的に有利であり、多くの評論家たちはこの動きがＷＴＯが表現しようとしてきた多国間の、非差別的なシステムを台無しにするもので、相互に競合的で、特別待遇を競う協定間の「スパゲティボウル」状態[◇20]に導くものと考えている。[◆7]

経済成長と貧困削減の双方をもたらす国際貿易の役割に関する複雑な議論に対して、人気のある対応策はフェアトレードのキャンペーンの進化であった。[◆8]フェアトレードとは、貧し

◆原注６　Shawn Donnan, 'WTO plunged into crisis as doubts grow over its future', *Financial Times*, 2 August 2014.

◇訳注19　１９８６年から１００カ国近くが参加。21世紀に向けた新しいルール作りを目指し、１９９４年に妥結した多角的貿易交渉。（一部抜粋：国際協力用語集 p.182-183）

い人々が育てた作物――特にコーヒー、紅茶、カカオ――に対してより高い価格を受け取れるようダイレクトに保証しようとするものである。視点によっては、これは自主的に少し余計に払う一種の慈善事業と見ることもできるし、市場の不完全性を克服する1つの手段として見ることもできる。小規模農家は貿易商人や多国籍企業との交渉において不利な立場にあるので、公平な価格を支払うことで、この情報と権力の非対称性を是正することの助けとなるからである。フェアトレードのキャンペーンを行う人々は、その成果として2つの便益を指摘する。1つめは、何人かの貧しい人々の収入は増加するし、その結果、地元経済の活性化に波及効果を及ぼすこと。2つめは、フェアトレードは貧困に関する金持ちの世界の消費者の啓発の基盤をもたらすこと。特に、貧しい国々における「ワーキングプア」の存在についての啓発、である。フェアトレードは金持ちの人々と貧しい人々がつながっている目に見えないグローバルな結びつきについての理解を深める。

主流派エコノミストたちはこうしたキャンペーンを行う人々を、「甘ちゃんの良いことしたがり」だと見下して批判する。エコノミストたちには2つの主たる論拠がある。1つめは、フェアトレードは、経済の多角化を妨げるということ。生産者は、彼ら自身を貧困に閉じ込める作物を作り続けていれば、より高い価格を得ることができる。2つめは、フェアトレードは対象品目の生産量を上げるので、その結果他のすべての生産者の販売価格を下げることになるということ。しかしながら、フィナンシャルタイムズ紙（Financial Times）の影響力のある評論家であるマーティン・ウルフ◇21のように「フェアトレード運動はおそらく実質上、なんの違いも生み出さない」といった身もふたもない決めつけをするべきではない◆9。なぜならフェアトレードには直接的なインパクトだけではなく、間接的な運動のインパクトが

◇訳注20　「スパゲティ・ボウル現象」、「ヌードル・ボウル現象」に定まった定義は無いと考えられるが、ここでは、同一の製品に対してＥＰＡ／ＦＴＡの締結相手国ごとに適用される原産地規則等の規則や関税率等の規則が異なる結果、多数の原産地規則等の規則が適用されている状態を指すものと理解する。（抜粋：通産省白書（２００９）：http://www.meti.go.jp/report/tsuhaku2009/2009honbun_p/2009_21.pdf）

◆原注7　Jagdish N. Bhagwati, *Termites in the Trading System: How Preferential Agreements Undermine Free Trade* (New York: Oxford University Press, 2008): 63.（邦訳なしだが、RIETIで言及有 http://www.rieti.go.jp/jp/events/11020201/summary.html）

◆原注8　以下サイトを参照：the Fair Trade Foundation（www.fairtrade.org.uk), Oxfam（www.oxfam.org.uk), Cafèdirect（www.cafedirect.co.uk）

◇訳注21　Martin Wolf（1946〜）。英国のフィナンシャル・タイムズ紙の主席経済評論家。

◆原注9　Martin Wolf, *Why Globalization Works* (New Haven, CT: Yale University Press, 2004): 206

あるからである。反フェアトレードのエコノミストは金持ち世界における社会規範をフェアトレードの思想が変えているという貢献を認めない。フェアトレード評論家であるポール・コリアーが支持する「非互恵的貿易交渉」といった考え方は、WTOの交渉ラウンドが本気で開発問題に取り組むことを促すし、自国中心主義にとらわれない貧しい国々との貿易関係を支持する有権者の多い国からは支持されるであろう。フェアトレード運動は、有権者や将来の有権者（学校の児童）が現在の世の中の貿易システムがどんなに不公正かを理解する主たる方法なのである。

移民：世界の貧困を削減する最も強力なツール

国際貿易問題と違って、国際的な人の移動は金持ちの国々におけるトップニュースであり継続的な大衆の関心事である。アメリカ市民権を何百万人といった不法移民に与えるというオバマ大統領の2014年の決断は、何千万人ものアメリカ人を激高させた。それらのアメリカ人は、むしろもっと多くの人を国外追放し、アメリカとメキシコの間の国境の壁を築いてほしいと考えていた。2015年にはシリア難民を中心とする100万人以上の移民が、EUに入り、どうやってこれらの移民を吸収すればよいのかについての議論が、各国内的にも国際的にも沸き上がった。

移民「論争」は、いくつもの国における政治的変化を加速させた。イギリスにおいては、イギリス独立党（the United Kingdom Independence Party: ＵＫＩＰ）の台頭に伴い、国内の政治が変化している。彼らは、「外国人（ヨーロッパ本土とその他の人たち）」をイギリスに定住させないようにすることに焦点を置いている。かつてはその寛大さで有名であったオランダでは、反移民である自由民主国民党（ＶＶＤ）や、ヘルト・ウィルダース◇22の反イスラームのポピュリストが、連立与党のパートナーとなった。オーストラリアでは、政府はその対外援助の予算を、貧しい大洋州の国の不法入国者（ビザなしでやってきた人々）拘留施設の支払いに充てている。こうした一時拘留が国連の人権条約に違反しているのではないかという懸念が表明されているにもかかわらず、である。他にもたくさんの事例がある。ハンガリーでも、クロアチアでも、トルコでも、スウェーデンでも、このリストはどんどん長くなる。金持ちの国々全域で、反移民のマニフェストを掲げる政党はとても上手くやっている。外国からの移民、特に浅黒い肌を持った者たちは、次第に敵意に満ちた出迎えに直面するようにな

◇訳注22　Geert Wilder（1963～）。オランダの政治家、自由民主国民党（the Party for Freedom: ＰＶＶ）の設立者。

っている。

金持ちの国々は、財、サービス、金融に対して世界市場を開放させることにやっきになっている。しかしながら、労働市場は、開放したくない市場の1つなのである。しかしながら、金持ちの国々と貧しい国々の大きな賃金格差がある現状では、未熟練労働[◇23]の国境を超える流動性をほんの少し開放するだけで貧しい国の国民が年間に得られる収入を５１０億ドル以上も引き上げられるというのだ[◆10]。この収入の多くは、送金として「祖国」に還流するだろう。もし、貧しい国に経済成長をもたらしつつ貧困を削減させたいのであれば、国際的な移民はｗｉｎ－ｗｉｎの政策なのである。

具体的な事例としては、バングラデシュがある。この国の貧困問題（人口がひしめき合うだけでなく、気候変動によって甚大な被害を被る可能性のある国土における深刻な貧困）は、海外出稼ぎ労働者[◇24]の増加による一振りで、解決される。より多くの送金とより大きな経済成長が達成され、公的サービスが改善し、出稼ぎ労働者の流出によって環境負荷が削減する。バングラデシュは、現在3％の国民が外国に住んでいるが、もしこれが10％に増えたらならば、送金は４００億米ドルをはるかに超えるまでに増加する。これは、バングラデシュの年間援助受け取り額の２６２４％にも相当する。さらに言えば、追加収入の波及効果を勘定に入れるなら、国家収入は８４０億米ドルくらいに増えると見込まれる[◆11]。これは、バングラデシュの国民総所得（ＧＮＩ）を超える。なるほど、ブランコ・ミラノヴィッチ◇25が「人々の移動が世界規模の貧困と不平等を削減するために最も強力なツールであろう」と断言するわけ

◇訳注23　単純労働しかできない労働者。一般に労働市場へ初めて入った労働者や労働市場への出入りの激しい労働者を指す。

◆原注10　Terrie Walmsley and Alan Winters, 'Relaxing the restrictions on the temporary movement of natural persons: a simulation analysis', *Journal of Economic Integration* 20(4) (2005): 688-726.

◇訳注24　多くの途上国の労働者は、近隣等の先進国や新興国等へ出稼ぎに出ることが一般化されてきており、世銀等でもその動向に注目している（ちなみに２０１６年は途上国向け送金が４２９０億米ドルと公表されている）。（参照：アクセス：２０１７年５月：http://www.worldbank.org/en/topic/migrationremittancesdiasporaissues）

◆原注11　Jonathon W. Moses, 'Leaving poverty behind: a radical proposal for developing Bangladesh through emigration', *Development Policy Review* 27(4) (2009): 457-79.

◇訳注25　Branko Milanovic（1953～）。セルビア出身の経済学者、ニューヨーク市立大学社会経済不平等センター主要教員・特別招聘教授（Visiting Presidential Professor）（https://www.ccny.cuny.edu/sites/default/files/academicaffairs/upload/Presidential-Professorship-Guidelines-2013.pdf）、元世界銀行調査部リードエコノミスト。

である[12]。

国際的な人の移動が一国の開発にとっての戦略的なツールとなるには主に2つの道筋がある。最初の1つは、送金のおかげで出稼ぎ者の親戚、近所、コミュニティが貧困から脱することである。世界銀行によれば、途上国に送られた送金は2014年には4360億米ドルを超す。いくつかの国では、輸出収入に匹敵する。例えば、2012年にパキスタンでは、送金による140億米ドルが、綿花の輸出による50億米ドルをはるかに超過した。世界的な金融危機があるときには、送金は額が大きいだけではなく、安定的な収入源でもある。中央政府は、国家開発計画の中に送金を組み込んで、その便益を刈り取ることができるし、現にそうした努力を開始している。

2つめの便益の構造は、ディアスポラ[26]（つまり移民とその子孫）は「祖国」での開発のプロセスに関与できるという道筋である。ある国のディアスポラは、ビジネスの窓口、投資、技術やスキルの移転の重要な源泉となりえる。彼らの存在は、頭脳流出[27]ではなく、頭脳獲得となる。インドは、国家の開発のためにディアスポラを活用しようと熱心に努力している。インドで大成功したソフトウェアやIT産業の急速な進歩は、シリコンバレーからの技術的専門家や企業家の帰還によってもたらされた。彼らは、起業資金とともに「祖国」にビジネスや技術あるいはマネジメントのスキルを持って帰ってきたのである。彼らは高いレベルのスキルを持った低賃金のインド人労働力を雇うことで、世界で打ち勝てるビジネスを設立できるようになった。

しかし、国の開発のために移民を活用しようとすると深刻な困難に直面することになる。これは金持ち国が移民労働者の受け入れに及び腰であることや、反移民政党の台頭や、移民の労働権の保護の欠如なども含まれる。地球規模での移民労働者のＩＬＯ条約があるにもかかわらず、多くの移民労働者はとても低賃金で、その国の住民には法的に許可されないような条件下で働かされている。湾岸地域、特にカタールでは、建設プロジェクトの出稼ぎ労働者の回避しえた事故による死亡率は驚くほどに高い。一部の移民労働者は、特にアメリカやヨーロッパにおける農業や性産業においては、「現代の奴隷」とも呼ばれる。国外退去が厳

◆原注12　Branko Milanovic, Global Inequality: From Class to Location, from Proletarians to Migrants (World Bank Policy Research Working Paper, September 2011).

◇訳注26　海外出稼ぎ労働者とその子孫等で、母国からそのまま移住先の国に住み着いた人たち。（参考：http://dictionary.cambridge.org/dictionary/english/diaspora）

◇訳注27　国内の優秀な技術者や研究者が他国に移動し、その能力を活用すること。（抜粋：国際協力用語集 p.169）

格に実施されるＥＵにおいては、「ビザのない」移民は人身売買業者に従わざるを得ない動機づけを持つことになる。

大きな見取り図

もし、金持ちの国々が、世界の貧しい人を助けることに真剣であれば、これまで述べたように貧しい人々にとって大きな違いを生む課題に重点的に取り組む必要がある。例えば、ＩＭＦや世界銀行によって無理強いさせられるのではなく、途上国が正真正銘自力の国家開発戦略を作ること。例えば、貧しい国々が国家開発に必要な資金を得られるようにしたり、国の上層階級や多国籍企業が自国の資源を盗むことを止めさせたりすること。例えば、ドーハラウンドにおいて貧しい国々に非互恵的な交易条件を与え、真の開発のための貿易交渉にすること。そして、金持ち世界の労働市場を未熟練労働者に徐々に開放することなどである。

そのような取り組みは、貧しい人にとって「良いこと」であるというだけではない。それらは金持ちの国々にとっても「良いこと」であるだろう。なぜなら、繁栄した安定的な世界を作ることで持続可能な成長に寄与するし、ヨーロッパや日本で（そしてもうすぐ中国でも）増加する高齢人口の介護に必要な労働力を生み出すことができる。また、すべての政府がその国で操業し利益を上げている多国籍企業から徴税する能力をつけることができる。そして、国際的な人の移動をもっと予測可能とすることができる。

　これ以外にも金持ち国が担わなければならない役割がある。熱帯病と熱帯農業のための研究開発へより多くの投資を振り向けること。法律の実効性と刑事司法機関の改革によって、犯罪的な暴力を減らすこと。より貧しい国々、特に脆弱な国家への、小火器と兵器の流入の規制をすること。そして、実施可能な場合にはさらなる紛争とならないための戦略的な軍事的介入をすることなどである。

　しかし、取り組まなければならない新しい課題群も発生している。その中でも最も重要なものは、気候変動と、世界的な不平等の拡大再生産である。それを次章で考えることにしよう。

4

気候変動と不平等

過去25年間の間に、貧しい国に住む貧しい人々の将来展望は相当程度向上した。極端な貧困から抜け出す可能性、比較的健康で、長生きする可能性、子どもたちが幼くして命を失うことのない可能性、どれをとっても、今が人類史上で最も高い。これまでの章で見てきた通り、金持ち国が貧しい人々に対して提供してきた支援は、極めて不完全であるし、時として逆効果をもたらすものですらあった。しかし、――幸運と計画の絶妙な組み合わせの結果により――ほとんどの貧しい国々における多くの貧しい人々の状況は改善してきたといえよう。ひょっとすると、金持ち国は、これまでやってきたことを継続していけば良いのかもしれない。ものごとがそのように簡単だと良いのだが、どうやらそうではなさそうだ。人類の歴史においては、その進歩は必ず新たな問題を引き起こすことになっているようだ。

21世紀、気候変動と拡大する不平等という、２つの「成功が生んだ問題」が、すでに人類の進歩を阻むほど巨大な問題として立ち現れてきた。過去二世紀にわたって積み上げてきた人類の生活水準向上の物質的な礎は、これまでも、現在も、炭素を乱費する経済発展によって築かれてきた。地球温暖化と、いくつかの貧困を生み出す環境変化が起きている今、このようなやり方を継続するのは不可能であることが明らかとなっている。気候変動と共に、現代資本主義の社会経済的影響が、これまで想像もつかなかった規模で所得と富の格差を拡大させている。世界の大金持の資産管理に事業を特化しているクレディ・スイス銀行でさえ、報告書（２０１４年『世界の富報告書』）で、世界の富の不平等について警告を発している今、誰が心配せずにいられようか？　国際ＮＧＯオックスファムによれば、２０１６年には、なんと世界のトップ１％の富豪の資産と残りの99％の資産とが同じレベルになってしまった。

気候変動：それがすべてを変動させる

金持ち国の多くの人々は、気候変動とその原因をめぐる議論は、科学理論にすぎないと信じている。つまり、「科学者の中には理論を支持する人もいれば、そうでない人もいる」、という考えである。このような考えは、断固たる誤りであり、危険な誤りである。ほぼすべての科学者が地球温暖化が起きていることを認めており、その大多数が地球温暖化は主として人類の活動によって引き起こされていると考えている。この考えに反対しているのは、ごく少数の（多くの場合化石燃料系企業と関係のある）科学者にすぎない。気候変動に関する世界的な権威は、国連の気候変動国際パネル（ＩＰＣＣ）[◇1]であり、２０１４年に発表された最新のＩＰＣＣ報告書（第５回アセスメント報告書、ＡＲ５）[◇2]のために気候変動関連の科学的文献を分析した。ＩＰＣＣはこの作業のために自ら志願した世界的に著名な８００人以上の中立的な立場の科学者を集めた。[◆1]

そのＡＲ５のパネルは以下の通り結論を出している。

「気象温暖化現象が起きていることは明確であり、1950年代以降2000年に至る数十年間の間に観察された変化は、かつてないものである。大気と海洋の温暖化に

◇訳注1　国連気候変動に関する政府間パネル（Intergovernmental Panel on Climate Change）の略。人為起源による気候変化、影響、適応及び緩和方策に関し、科学的、技術的、社会経済学的な見地から包括的な評価を行うことを目的として、1988年に国連環境計画（UNEP）と世界気象機関（WMO）により設立された組織（出所：全国地球温暖化防止活動センター）。

◇訳注2　各国政府を通じて推薦された科学者が参加し、5～6年ごとにその間の気候変動に関する科学研究から得られた最新の知見を評価し、評価報告書（assessment report）にまとめて公表する。第5次報告の第1作業部会の場合、日本からは10人の執筆陣が参加した（出所：全国地球温暖化防止活動センター）。

◆原注1　IPCCはアセスメント報告書を5～7年ごとに出している。AR5はそのうち2013年9月から2014年11月に公表された4つの報告書からなっている。読み始めるのに一番良いのは *Climate Change 2014: Synthesis Report*（Geneva: IPCC, 2014）（※）である。すべての報告書および最新情報は、www.ipcc.ch.より確認することができる。※『気候変動2014――統合報告書』（文科省、経産省、気象庁、環境省による邦訳：http://www.env.go.jp/earth/ipcc/5th_pdf/ar5_syr_longer.pdf）

より雪と氷が減少し、海面レベルが上昇した。そして、温室効果ガス[◇3]の凝縮が進んだ。20世紀半ば以降の人類の活動が、この温暖化の主たる原因である可能性は極めて高い（90％から100％の確率であるとみられる）[◆2]」

右記の人為起源の原因の中でも主要なものは、工業化、建設、交通、森林伐採、農業、畜産などであり、これらすべてが人口増加と「消費的」ライフスタイルの隆盛によって加速化されてきた活動である。

1906年から2005年の間に、地球の表面温度は、平均摂氏0・74度上昇したと推定されている（図4・1参照）。AR5パネルの予測の中でも高リスクシナリオでは、これが2005年から2100年の間には摂氏4・8度上昇するという。我々が今後近い将来にいくらこの上昇を抑制すべく方策を取ったとしても、現状の二酸化炭素排出レベルを考慮すると、摂氏2度の上昇は免れないということである。これは、世界中どこもかしこも少し暖かくなる、という単純なことを意味するのではない。地球の大気の状況と海洋の流れに変化が起き、気象にさまざまな変化がもたらされるということを意味するのである。地球温暖化現象は、世界の数カ所では気温の下降につながるという、複雑な現象なのだ。ナオミ・クライン[◇4]の著書「これがすべてを変える（原題 *"This Changes Everything"*）」がこの状況を詳しく説明してくれている[◆3]。

図4.1　地球の平均表面温度（１月-６月）

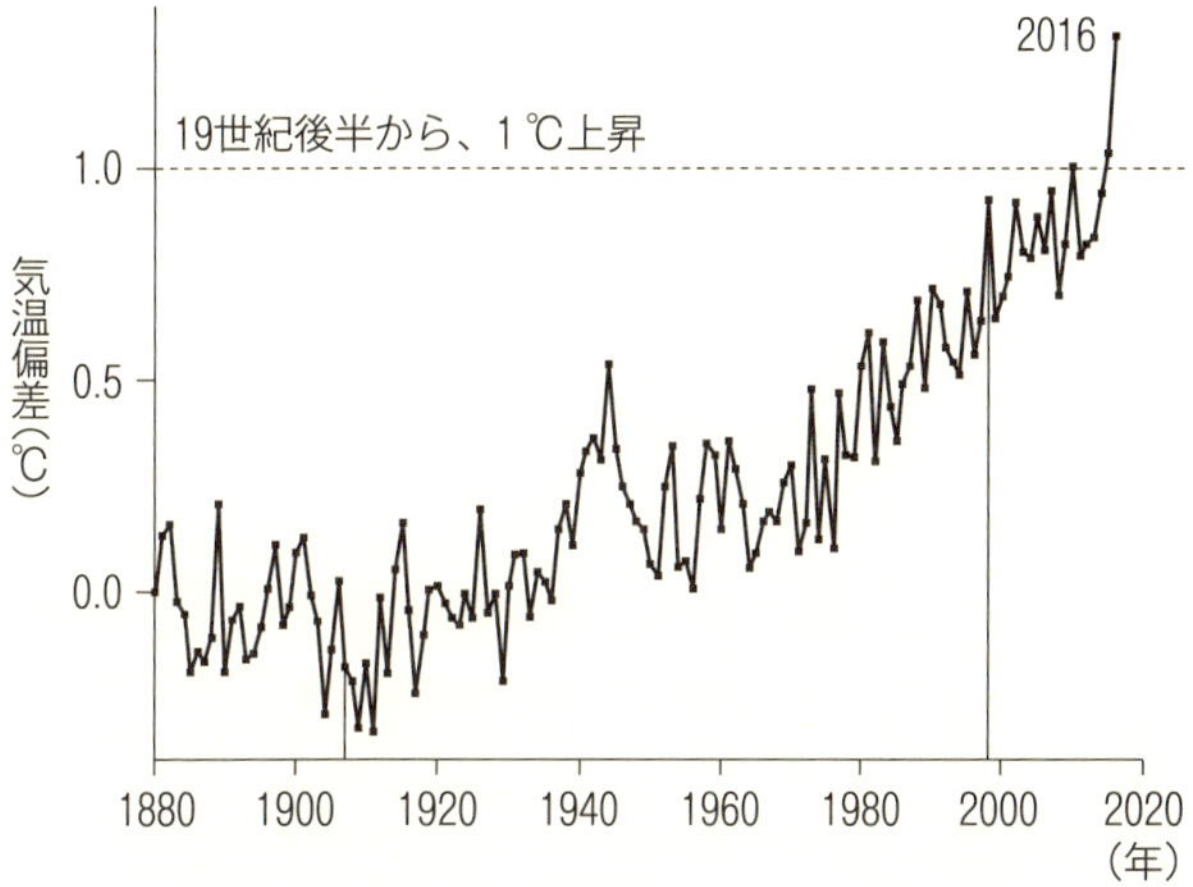

出典：再引用 "Figure 2 (Schmidt) ――A graph of the global mean surface temperature for the six-month period of January through June of each year from 1880-2016." NASA's Goddard Space Flight Center, "Record-Breaking Climate Trends Briefing――July 19, 2016" (https: //svs.gsfc.nasa.gov/12305)

気候変動自体が複雑で、その原因もまた複雑であることを、石油会社や右翼の圧力団体は気候変動に関するメディアの報道を操作するためにおおいに活用してきた。そのような巧みな報道操作によって作り出された科学に対する「大衆的誤解」があるがために、例えばアメリカでは、政治家が有権者の支持低下を恐れて地球温暖化対策に一致団結して取り組むことができない状況となっているのだ。アメリカの石油会社がいかに気候変動に関する議論の操作に関与しているかは、2002年、アメリカ大統領ジョージ・W・ブッシュに対してエクソンモービル社から送られたメモが漏洩して明らかになった。このメモの内容は、アメリカ政府に対し、IPCCの議長であるロバート・ワトソン氏を更迭し、より「穏健派」であり産業界寄りのラジェンドラ・パチャウリ氏を議長に選任するよう圧力をかけたものであった。◆4

気候変動のいくつかの事象についてはかなりの確度を持つモデル構築が可能であるが、その他の変化について予測するのは困難であるとされている。なぜなら、どのレベルかあらかじめ知ることができない限界値を超えたとたんに発生する変化は極めて破壊的な変化を一気に引き起こしてしまうかもしれないからである。このような変化の引き金となりうる事象の主要なものとして、グリーンランドの氷河がある。この氷河が溶ければ、海洋は数センチ単位ではなく数メーター単位で上昇し、――アムステルダムには別れをつげなければならず――メキシコ湾流に乗った西ヨーロッパへの温暖な海流の流れが遮断されるだろう。

気候変動は世界の農業と工業のあり方を劇的に変えるだろう。この変化によって農業や工業の生産性が下がる地域もあれば、逆に繁栄する地域も生じる。人類の今後を左右する重大な変動はおそらく以下の3つだろう。すなわち、(i)海面上昇、(ii)気温と降水量の変化、(iii)極端な気象現象の多発化、である。海面の上昇は、世界中の沿岸地域に住む人々に影響を与えるが、特に低い地域に居住する多数の人々が甚大な影響を被ることになろう。例えば、バングラデシュでは2050年までに600～800万人の人々が移住を余儀なくされると予測されている。気温と降雨パターンの変化は農業と健康に影響を与え、特にアフリカと南アジアでは負の影響が強いものと見られている。サイクロン、洪水、干ばつといったような極端な気象現象がより頻繁に、しかもパターンを変えて起きるようになれば人々の生計に直接の影響を与え、死亡や資産喪失の被害がもたらす苦しみは計り知れない。長期的には、現在多

◇訳注3　太陽光による熱を閉じ込める性質を持つ気体のこと。二酸化炭素やフロン、メタンなどがあるが、全体的な量でいうと、半分以上を占めているのが二酸化炭素である。(Plus Project)

◆原注2　IPCC, *Climate Change 2013: The Physical Science Basis*（※）は、www.ipcc.ch.より参照可。※『気候変動2013――自然科学的根拠』（気象庁による邦訳：http://www.data.jma.go.jp/cpdinfo/ipcc/ar5/index.html）

◇訳注4　Naomi Klein（1970～）。カナダのジャーナリスト・作家・活動家。

◆原注3　Naomi Klein, *This Changes Everything: Capitalism vs Climate* (London: Allen Lane, 2014).（邦訳：ナオミ・クライン、『これがすべてを変える――資本主義 vs 気候変動（上）（下）』、幾島幸子・荒井雅子訳、岩波書店、2017年）

◆原注4　Fred Pearce, 'Top climate scientist ousted', *New Scientist*, 19 April 2002 and Julian Borger, 'US and oil lobby oust climate change scientist', *Gardian*, 20 April 2002.

くの人々が暮らす地域が居住不可能な地域と化してしまうかもしれない。

気候変動の影響とそれが世界各地にもたらすであろう結果の予測をどこまで信用するのか、といった見方は分かれるが、多くのシナリオでは貧しい国とそこに住む貧しい人々が最もその被害を被るであろうとされている。

ＡＲ５では以下のように記述されている。

「（確率が中程度シナリオでは）21世紀を通して気候変動の影響は経済成長を低下させ、貧困削減をより困難なものとし、既存の『貧困の罠』を長期化させると共に新たな罠を形成するであろう。新たな『貧困の罠』は特に都市部および新たな飢餓が発生している地域において形成される恐れがある。（高い確度のあるシナリオでは）気象に関連した被害がその他の被害の要因を悪化させ、特に貧困層の生計に悪影響を与えるであろう」◆5

気候変動が貧しい人々に最も大きな影響を与えるであろうと考えられる要因は、大きく2つある。１つめは、既存の富の所在のパターンに関係している。貧しい国々や、貧しい人々には、気候変動に対応するためにとることのできる対応策が限られている。例えば、防波堤を築いたり、自家発電機を準備したりする、といったようなことから始まり、気候変動に適応するための調査研究・開発のための十分な投資を行うことも困難である。２つめは、地勢的要因である。ＩＰＣＣのシナリオのすべてが、ヨーロッパ、北米、日本といったような中所得から高所得の地域と比較し、サブ・サハラアフリカ、南アジアといった世界的に貧困層の集中している地域が、より甚大な気候変動の負の影響を被るであろうと予測しているのである。これはどのようなことを意味するのだろうか。

気候変動は、農業生産性を低下させ、その結果として農産物価格は、短中期的に２％から20％上昇するであろうと見られている。◆6 これは、そのまま貧困層や最貧層を直撃する。なぜなら、彼らの所得のうち食料に支出する割合が高いからである。しかも、もっと悪いことに、気候変動の負の影響は熱帯地域の降雨に依存した農業に集中するであろうと予測されているのである。南アジアの一部の地域では、２０５０年までに穀物の生産が3割も減少する

◆原注5　IPCC, *Climate Change: 2014: Impact, Adaptation, and Vulnerability*（※）は、www.ipcc.ch.より参照可。※『気候変動２０１４――影響、適応および脆弱性』（環境省による邦訳：http://www.env.go.jp/earth/ipcc/5th_pdf/ar5_wg2_tsj.pdf）

◆原注6　データはＩＰＣＣのＡＲ５レポートと、Lael Brainard, Abigail Jones and Nigel Purvis, *Climate Change and Global Poverty*（Washington, DC: Brookings Institution, 2009）より。

であろうという予測もある。例えば、2050年までにはバングラデシュで麦を生産するのは不可能になるだろうというのである。さらに深刻なことに、チャド、エチオピア、ナイジェリア、ソマリア、スーダン、ジンバブエといった国々では、2080年までに穀類の生産が不可能となるであろうという予測すらあるのだ。農業技術に大きな進歩がない限り、気候変動は世界の最貧国に食料安全保障と経済成長の両面において甚大な影響をもたらすと考えられる。

降雨パターンの変化が、「水確保ストレス」（1人当たり年間1000立方メーターの比較的良質な水を確保できないこと）を強化し、これに伴って引き起こされる保健、生活の質、経済機会の低減をもたらすことになるだろう。アフリカ諸国に関しては、2010年から2020年の間に7500万人から2・5億人、2050年までには3・5億人から6億人の人々が、「水確保ストレス」を体験する人口として、現状の「被害者リスト」に加えられると予測されている。ラテンアメリカおよび南アジアについても、類似の「水確保ストレス」は拡大すると予測されている。軍事的な観点からは、「水」の問題の深刻化に伴って、サブ・サハラアフリカにおけるエスニック集団間の「水紛争」、中東・北アフリカにおける国家間の「水戦争」の発生も危惧されている。貧困と暴力は密接な関係にあり、このような事態は世界の貧困層にさらなる問題を課すものとなるに違いない。

海面レベルの上昇と極端な気象現象の多発化により、沿岸地域では、洪水、浸食、塩害といった問題が深刻化するものと予測される。途上国では高い比率で人口が沿岸地域に集中している。これらの人々は、生活の質に対して気候変動の直接的な影響を受けると共に、経済的見通しの悪化を通じた間接的な影響にもさらされるものと見られる。海面レベルの40センチの上昇が、アジアでは1300万から9400万人の移住を余儀なくするものと予測されている。アフリカでは、巨大都市が沿岸地域に出現してきている。2015年には800万人以上の人口を抱える沿岸地域の都市が3カ所、加えて、アクラ◇5からポートハーコート◇6を繋ぐ沿岸に5000万人規模の多国籍メガロポリスが形成されている。貧困層が集中する土地が低い地域における定期的かつ深刻な洪水は、社会経済的発展を妨げ、さらには彼らを大規模な移住に追いやりかねないという懸念がある。2050年までには、カリブ海、太平洋お

◇訳注5　ガーナの首都。アフリカ西部ギニア湾に面し、ガーナ最大の都市であり、政治、経済、通信、交通の中枢である。

◇訳注6　ナイジェリアのリバーズ州の州都。南が大西洋に面するニジェール・デルタに位置し、1950年代後半に始まった油田開発以降は、産油地帯の中心地となる。

よびインド洋のいくつかの小さな島嶼諸国が海面下に沈むと予測されており、これらの国々の国民は皆移住を余儀なくされるのである。

また、気候変動により罹患率と死亡率の新たなパターンが生じるものと予測されている。全体としての影響は悪いほうに傾き、特に熱帯地域および亜熱帯地域では、負の影響を受けるとされる。熱中症、マラリア、シャーガス病、デング熱、コレラその他の水を媒体とした感染症が増加するとの予測が多い。気温上昇と水不足がこのような感染症を増加させるのである。そして、サイクロン、ハリケーン、暴風雨、洪水、干ばつといった極端な気象現象は、人々が水に溺れたり、けがをしたり、疾病の感染その他の健康問題への対応力を低下させることなどを通じて全体的に人々の健康に負の影響を及ぼすであろう。デング熱や熱中症などに起因する死亡率が中国やインドなどで増加するであろう、というようなピンポイントな予測もある。アフリカについては、下痢症、コレラ、マラリアおよびアルボウイルス（デング熱や西ナイル熱等）[◇7]の増加が予測されている。これらの問題のすべてが食料危機によって加速されることになる。なぜなら疾病が人体に与える影響は、栄養不良によってより甚大なものとなるからである。さらに、頻発する洪水や停電やその他の問題によって保健サービスへのアクセスが悪化すれば、事態はなおさら深刻化の一途をたどることであろう。

これら負の影響を考えると、「気候変動に対して何ができるのか」を考えることを地球規模の優先事項に位置づけざるを得まい。このようにして、貧困撲滅と持続的環境に関する課題が統合され、ＳＤＧｓを形成するに至ったのである。気候変動は、貧困問題への取り組みに２つの点で大きな影響を与えている。１つめは、自明であるともいえるが、気候変動により予測される影響が、貧困削減目標の達成をより困難にし、その取り組みコストを上昇させる点である。２つめは、人為起源の気候変動という現象が、経済開発と社会進歩に関する考え方に対して根本的な疑問を投げかけているという点である。１８２０年ごろから歴史的な速度で始まった人類の生活状態の向上は、経済成長と密接な関係があった。そして、その経済成長は石炭、石油、ガスなどの再生不可能なエネルギーを使うことによってもたらされたのである。現代の経済成長は、エネルギー集約的な工業化、交通および農業、森林伐採、家畜の飼育、そしてエネルギー消費型ライフスタイルと消費生活パターンなど、大気中の二酸化炭素濃度を高めるような戦略に基づいている。近年の中国やインドの繁栄も、化石燃料使

◇訳注７　アルボウイルス（節足動物媒介性ウイルス：Arthropodborne viruses）は蚊やダニなどの節足動物を介して、吸血により脊椎動物に伝播されるウイルスである（倉根一郎、『ウイルス』、第55巻、第１号、２００５年、pp.63-68）。

用の増加と森林破壊による工業化と都市化がもたらしたものなのである。

将来世代の展望を破壊することなく、現代の貧困を減少させることはできるのだろうか。この質問に「はい、低炭素経済と環境にやさしい経済成長（グリーン・グロース）がそれを可能にするでしょう」と即答するのは簡単だ。確かにこのような回答は非常に魅力的に見えるが、近年のこの分野における活発な投資活動にもかかわらず、関連の技術開発は未だ初期段階にすぎないという現実を無視している。ヨーロッパ、北アメリカ、そしてごく最近では中国における風力エネルギー発電は出発点ではあろう。しかし、中国、インド、インドネシア、南アフリカ、そして最近では日本、といった国々の長期的なエネルギー計画は、石炭（それも非常に環境汚染がひどい種類の石炭である）、ガス、石油の使用を思い切り増大させることに力点を置いている。

この世の終わりは近いのか

それでは我々は地球規模の破滅に向かって邁進しているのだろうか？　専門家たちは、世界の炭素拡散型開発モデルを見直すための、「修正主義」と「根本改革主義」という２つのアプローチを提示している。２００６年に発表され、強い影響力を発揮したスターン・レポート（「気候変動の経済学」）は、「修正主義」の立場をとる。同レポートは、社会的コスト・

便益の視点から、緊急かつ急激な温室効果ガスの低下の必要性を説く。温室効果ガス削減の遅延は、将来的には世界的な総生産（つまり世界的なＧＤＰ）の低下や、気候変動の影響を押さえるために必要とされる投資額の増大といった形で影響が出る、と訴える。「修正主義」の立場に立つ論者たちは、気候変動が市場の失敗によってもたらされたものととらえる。それゆえ温室効果ガス排出に課税することで市場機能が修正されれば、より持続可能な形で経済成長は継続することができ、富裕層にとっても、貧困層にとっても便益をもたらすと見るのである。

しかし、「根本改革主義」派にとっては、スターン・レポートはナンセンスである。環境にやさしい経済成長（グリーン・グロース）などという概念は意味をなさず、「成長反対」の必要性を唱える。このような論者の代表例であるクリーブ・スパッシュ◇8は、スターン・レポートを次のように批判する。「スターン・レポートの執筆者たちは、『伝統的な経済成長は持続可能であり、すべての問題を解決する』といった、間違っているのに支配的な政治的見解の永続につながる、既存の経済理論への忠誠を誓っているにすぎない」◆7と。種の滅亡、氷河

◇訳注８　Clive Spash オーストリアの経済学者、ウィーン経済・経営大学教授。

の消滅、沿岸地域の洪水、気候変動に関連した人間の死は、コスト・便益分析などで測れたりするものではないのだ、というのがこの立場である。「根本改革主義」派の多くは、人権を基本とした分析フレームワークを用いて、市場を資源分配の基本ツールとすること自体を拒否する。「一定以上の気温の上昇を伴う気候変動は持続可能な開発の根本概念と矛盾し、複数の世代にわたる環境管理および公平性といった主要概念を侵すものであり、将来の世代に生きる人類の基本的人権侵害にあたる事象である」[8]。この主張に基づけば、今必要とされるのは、二酸化炭素削減を緊急に実現するために必要な、富裕層による消費レベルの急激な削減、世界中で「低消費ライフスタイル」が励行されること、世界中で国際貿易ではなく、「地産地消」が励行されること、である。「少ないことが世界を救う（'Less is more.'）」すなわち、消費レベルの低いライフスタイルこそが、環境破壊を伴わず、個人的な満足度を高め、精神的に人類を自然界と再びつなぐことができるのだ。

より抽象度が低いレベルでは、「何をすべきか」という議論は、どのような気候変動緩和策（二酸化炭素の排出量の削減により、気候変動が急激に起こらないようにする）と、どのような気候変動への適応策（気候変動に対応できるように現状の生活を変化させる）が、政策決定の基礎をなすか、という点が中心となっている。この議論は、誰が緩和策（つまり温室効果ガスの排出量の削減）を行わなければならないのか、そして、誰が適応策のためのコストを支払わなければならないのか、という問いに至ると激しい対立を発生させる。これらの問いをめぐる交渉はこれまで常に問題含みであった。１９９０年代に、アメリカが京都議定書◇9の署名を拒んだこと、２００７年のバリ気候サミット、２００９年コペンハーゲン気候サミット、２０１２年ドーハ気候変動会議が立て続けに失敗に終わっていること、などが合意の困難さを示している。

◆原注7　Clive Spash, 'The economics of climate change impacts à la Stern: novel and nuanced or rhetorically restriced?', *Ecological Economics* 63(4)(2007): 706-13, 706.

◆原注8　Eric Neumayer, 'A missed opportunity: the Stern Review on climate change fails to tackle the issue of non-substitutable loss of natural capital', *Global Environmental Change* 17(3)(2007): 297-301, 297.

◇訳注9　１９９７年12月に開催された第3回気候変動枠組条約締約国会議（地球温暖化防止京都会議ＣＯＰ３）で採択された国際条約。議定書の中心となっているのは温室効果ガスの排出量が多い先進国などの削減目標であり、この削減目標を達成するために、京都メカニズムと呼ばれる仕組みは、先進国（市場経済移行国を含む）間で、温室効果ガスの排出削減又は吸収増進の事業を実施し、その結果生じた排出削減単位（ＥＲＵ）を関係国間で移転（又は獲得）することを認める制度である。（出典：環境省）

幸いなことに、2015年12月に開催されたCOP21気候サミットはこのような停滞状況を打ち破ったようである。アメリカと中国をリーダー役に据えて、同会議のパリ議定書は他の国連加盟国195カ国の支持をとりつけることができた。同議定書が目指す主要な点は以下のとおりである。(i)21世紀後半中に、人為起源による温室効果ガスのネット排出量をゼロとする、(ii)地球温暖化の進展を摂氏1・5度の気温上昇に食い止める努力をする(そのためには「ネット排出量ゼロ」が2050年までに達成されなければならない)、(iii)「低炭素経済」の世界的な進展を目指すために5カ年ごとに関係者による国ごとの貢献度合いのレビューを実施する。上記議定書への署名は拘束力を持つものではなく、各国がそれぞれ独自の削減ターゲットを定め、国際的なサミットは、達成度合いが低い国を「名指しして反省を促す」という、いわば倫理的規範に基づく役割を果たすにとどまる。つまり、国際的な説明責任は定められていない。このために、各国のリーダーたちは同会議を大成功として讃えたが、市民団体からは批判や懸念の声も上がった。パリ議定書における各国の貢献のプレッジ(約束)が達成されたとしても、地球温暖化の進展は摂氏2・7度の気温上昇に食い止められるにすぎない。これは前述の「国際基準」である摂氏2度を大きく上回る水準であり、ということは各国の貢献水準は今後引き上げられなければならないはずだが、そもそも各国の取り組みは単なる「約束」にすぎず議定書署名による拘束力はないのである。「根本改革主義」派にとって、パリ議定書は種の滅亡と環境の深刻な悪化を不可避なものとして受け入れ、人類の未来を売り渡す軟弱な「修正主義者」戦略にすぎない。

著者はパリ議定書は、楽観主義の根拠を提供するものだと個人的には評価している。ただし、おっかなびっくりの楽観主義だ。議定書の根底にある「気候に関する正義」という考え方自体が、今後各国が緩和と適応のためにどの程度貢献をしていかなければならないのかを決めるうえで必要な、問題解決のための潜在的なツールとして機能するのではないか。ストックホルム環境研究所の「グリーンハウス開発権利フレームワーク」がこの考え方の中身を具体的に示している。1日20米ドル以上の所得がある個人のすべてが地球温暖化に対して責任がある（所得が高いほど温室効果ガスの排出量は多くなる）とし、そして地球温暖化現象がはじめて認識された年である1990年を起点とした二酸化炭素排出量を計算すると、各国の緩和策への義務や、適応のための政策実施に必要な資金的貢献の公平な水準を算出することができる、というものである。この方法の計算に基づくと、世界の削減目標達成のための世界各国の貢献義務の水準は以下の通りとなる。アメリカ33・1%、EU諸国25・7%、中国5・5%、インド0・5%。この計算に基づくと、すべての国々に貢献義務はあるが、最貧国は全体の0・01%の貢献義務しか負わない。最貧国の人口比率は世界の12%ではあるが、二酸化炭素排出という観点からはごくわずかなものだからである。今後中国やインドといった新たな経済大国が二酸化炭素排出量を大きく増加させることになれば、世界中の国々に同様に適用される算出基準に基づき、それらの国々の貢献義務は相応に増大することになるのである。

貧困撲滅への取り組みと気候変動に対応するための目標を統合することの潜在的な価値は国連によって認識され、これがMDGs（2000〜2015年）からSDGs（2016〜2030年）に変更された要因の一部となった。地球温暖化アジェンダが貧困撲滅アジェンダに比較して国際的なアジェンダとして高い優先度が保たれる可能性が高いため（地球温暖化アジェンダのほうが世界の強国、大企業、権力を持つ人々の物質的文化的利益により直接的な影響を与えるからに他ならないが）、「持続的開発」に関連した合意事項と関連づける形で貧しい人々を支援する政策を促進していくのが戦略的に最適であるように見られる。例えば、熱帯農業や熱帯地域の保健衛生に関連した調査研究に対する資金的支援、都市の洪水防御のためのインフラ整備、「炭素」に関連した地球規模の税制や市場の導入、低炭素エネルギー技術を発展途上国に特許使用料を徴収することなく移転する、などが考えられよう。これらの政策のすべてが、気候変動に歯止めをかけ貧しい人々が気候変動に適応するのを支援すると共に、直接的な貧困削減にも役立つのである。

しかし、地球温暖化の負の影響を回避するためには、世界の金持ち国や富裕層の生産や消費のパターンを規制する必要がある。そのような政策が、この不平等化が進む現代社会においてはたして進展を遂げることができるのだろうか？

不平等：金持ちは、より金持ちになり続けてゆく

「不平等」というトピックは、これまで各種の論争を生み出してきたが、ごく最近になって予想外に意見の収束が見られるようになってきた。歴史的には、経済的な不平等は善か悪か、といった点が論争の対象となってきた。特に政府が介入すべきことなのかどうかといった点になると、議論は白熱した。さらには「再分配」というようなことが持ち出されでもすると、ヒステリックな反応も登場した。

左翼的傾向に惹かれる人々は、不平等はそもそも不公正な状況を示し、本質的に人類にとって悪であり、また機能的にも社会全体に負の影響を与える、と論じる。意外に思う人もいるかもしれないが、貧しい人と裕福な人双方が、不平等がもたらす負の影響を受けるのである。リチャード・ウイルキンソン[◇10]とケイト・ピケット[◇11]がその著書 *"The Spirit Level"* で示すように、富裕国における不平等の拡大は、ほぼすべての社会指標の低下につながっている。[◆9] 身体的・精神的健康、教育、適切な労働、ひいては人生の満足度に至るまで、ほぼ人生に関わるすべての事項に関して当てはまるというのである。右翼的傾向に惹かれる人々は、

図4.2　先進国におけるトップ1％の所得の割合

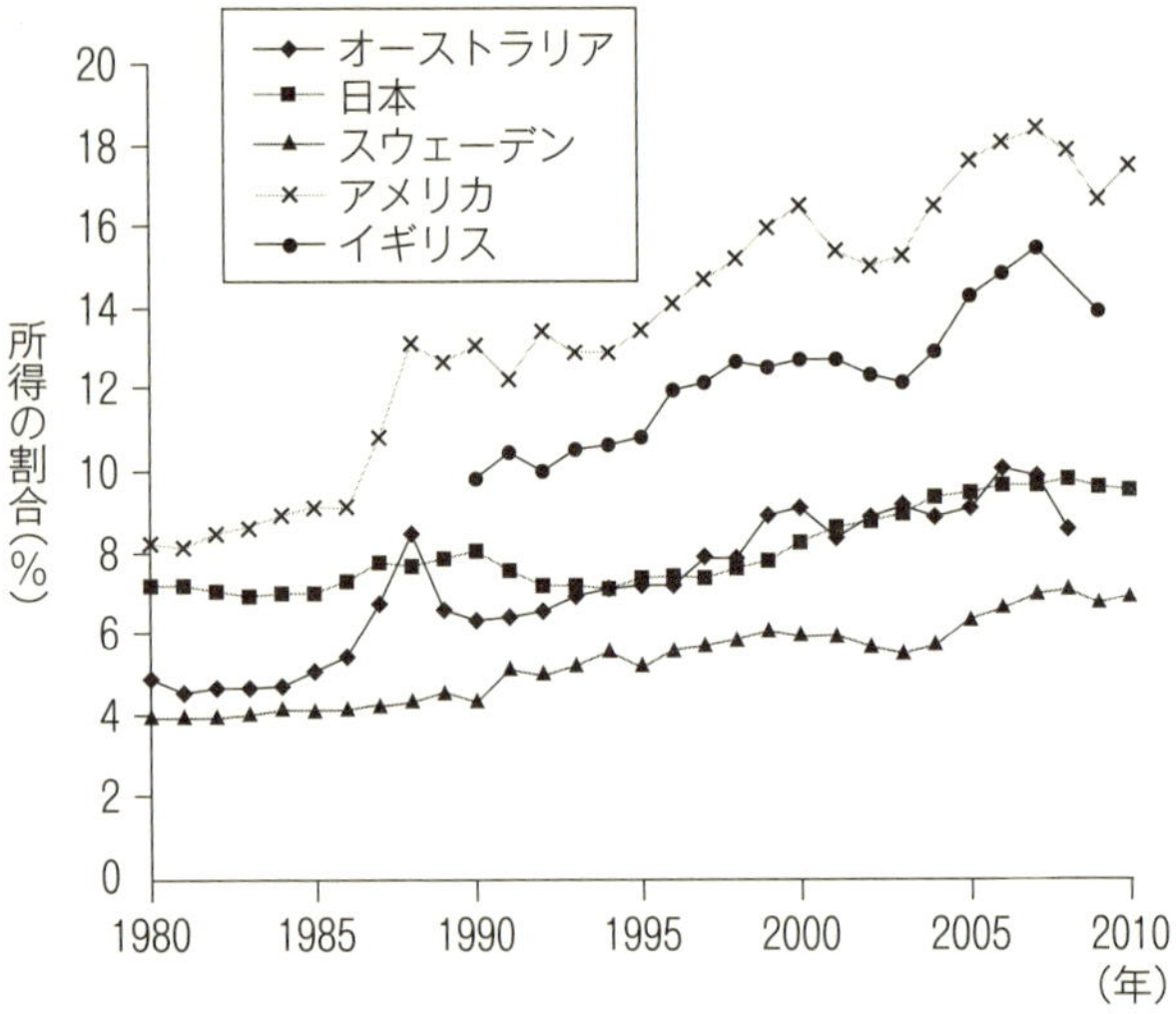

出典：graph in "Inequality and the rise of the global 1%: great new paper by Branko Milanovic", in "Oxfam Blog; From Poverty to Power"（https://oxfamblogs.org/fp2p/inequality-and-the-rise-of-the-global-1-great-new-paper-by-branko-milanovic/）

反論する。経済学者なら、アーサー・オーカン[◇12]の「平等と効率性」を引用することだろう。同書は、「平等と効率性」のトレード・オフ効果により、不平等の改善を目指す努力は効率性の低下を招き、企業活動と経済成長を阻む結果に至る、と説いて（特に米国において）多くの人々を説得した。このような考え方はレーガンやサッチャーといった政治的リーダーに活用され、「欲は善なり」

という信念を支えた◆10。不平等は人々のさらなる努力を促し、競争を加速させるものである、と説かれた。このような考え方は、現在もアメリカ共和党やイギリス保守党の一部でもてはやされている。

しかし時代は変わった。もはや不平等の害を唱えるのは異端の経済学者や左翼傾向のNGOだけではない。IMFや、すでに本書でも紹介した通りクレディ・スイス銀行がその権威ある報告書の中で富の不平等の拡大の結果について警告を発し、再分配的政策の潜在的な便

◇訳注10　Richard Wilkinson（1943〜）。イギリスの経済学者、公共衛生学者、ノッティンガム大学名誉教授、ユニーバーシティ・カレッジ・ロンドン名誉教授。
◇訳注11　Kate Pickett（1965〜）。イギリスの伝染病学者、ヨーク大学教授。
◆原注9　Richard Wilkinson and Kate Pickett, *The Spirit Level: Why Equality is Better for Everyone* (London: Penguine, 2010).
◇訳注12　Arthur M. Okun（1928〜1980）。アメリカの経済学者、「オーカンの法則（実質GDP成長率と失業率の変化の関係性を明らかにした）」を発見。
◆原注10　Arthur M. Okun, *Euality and Efficiency: The Big Tradeoff* (Washington, DC: Brookings Institution, 1975).

益を論じているのである。さらに、2015年の世界経済フォーラムにおいては、IMFと世銀が不平等の拡大によってもたらされた問題点を訴えるのを世界の富豪と権力者が目の当たりにした。

どのような観点から見ても、国内の不平等は驚くべきスピードで拡大しているといえる（図4・2参照）。どのような指標（例えば資産か、所得か）を用いるか、どのようなデータセット（国家勘定か税金か）を用いるか、またはアナリスト個人の視点によって詳細については意見の相違はあるものの、（ラテンアメリカを除き）最富裕層がその他の誰よりも早いスピードでその富を拡大していっている、という点については誰もが合意している。1988年から2008年の間に、世界のトップ1％の最富裕層の実質所得は6割以上も上昇した。これに疑問を呈する向きもあるものの、すでに紹介したように国際NGOオックスファムの発表によると、現在の傾向が継続すれば、2016年には世界のトップ1％の最富裕層の富がその他99％が保有する資産と同額となるという極限状況が出現するという。2014年のフォーブス誌では、ビル・ゲイツが790億米ドルの資産で世界一の富豪としてランキングされた。ビル・ゲイツはメキシコのカルロス・スリム（資産額は700億米ドル）を抜いて一位となったのだが、これら両名は、いずれもウガンダの全国民が1年間に生み出す富（約500億米ドル）よりも高い水準の富を保有していたということだ。しかし、ウガンダも世界の富豪ランキングと無縁ではない。フォーブスの世界の億万長者（資産額10億米ドル以上）リストの最下位には、ウガンダ一の富豪ビジネスマンス、ディール・ルパレイラがランクインしている。全体として、2013年から2014年にかけて、資産額10億米ドル以上の世界の富豪の数は15％上昇し、1年間で268人が新たに加わった。しかし、すべての富豪が不平等を是としているわけではない。世界的に成功した投資家であるワーレン・バフェットは、彼がアメリカ内務省税務当局に対して支払った税金の所得に対する比率が、彼の事務所の事務員よりも低かった点を指摘し、「このような状況が正しいはずがなかろう。階級闘争は世の常である。しかし、そのような闘争をしかけているのは、我々金持ち階級であり、金持ちが勝ち続けているのだ[11]」と述べている。

このような不平等の拡大の要因は複雑であるが、以下の2つが突出している。第一に、現代資本主義は、頭脳（ビル・ゲイツ）や政治的コネ（カルロス・スリム）、またはその双方（金は政治的コネを呼ぶ）によって巨額の金儲けをし、他の人々よりも迅速に富を拡大することができる経済的プロセスに基づくものである、という点が指摘される。トマ・ピケティが

◆原注11　Ben Stein, 'In class warfare, guess which class is winning', *New York Times* 26（October 2006）.

述べる通り、資産（物質的・財政的資産）が生み出す富は、労働が生み出す富を上回る。これは20世紀の一部を除いて歴史を通して継続してきた事象である。[12] こうして金持ちはより金持ちになる。

しかし、2つめの要因として、政治経済学的理由もある。巨額の富を築いた人々は、国家および国際的な公共政策を自ら形成することが可能となるために、おのれの富を確実に拡大することが可能となるのである。アメリカに代表されるロビー活動や、その合法性がより疑わしいような政策決定への関与によって、財閥や寡占企業による「規制メカニズムの乗っ取り」が許容されているのである。このような企業は、国内的・国際的な特許権を確保し、（反）競争法が彼らの市場独占を可能とし、税法が税金の支払い回避を可能とするような、確実な手を打つことができるのだ。さらには、財閥がメディアを支配下に収めることにより、「不平等は善なり」といった論理で大衆を納得させることすらできる。

ノーベル賞受賞経済学者ジョセフ・スティグリッツは、不平等がアメリカ経済の骨組みのみならず、その政治システムの根幹までも侵していることを熱情的に指摘している。彼の著書『世界の99％を貧困にする経済』[13] において、彼は、アメリカが「1％の、1％のための、1％による」国だという見解を示す。国の市場は機能しておらず、このため、非効率と不安定が経済の常態となった。政治システムはこのような「市場の失敗」を是正することができず、１％の人々と共に歩む道を選んだのだ。この１％こそが非効率で不安定な市場から最も利益を獲得している人々であるにもかかわらず。そしてその結果として、経済・政治システムのいずれもが、「根本的に不公平」となった。アメリカ国民は経済機会がすべての国民に開かれるべきではないといったような主張を受け入れているのである。よりひどいことに、社会的上昇（つまり、勤勉で成果を上げる貧しい人々が富裕になる可能性）は、歴史的な神話となってしまった。そして、アメリカ国内で起きることは世界の資本主義に影響を与える。ヨーロッパで、アジアで、アフリカで「根本的に不公平」な経済システムが助長され、そしてそれが不公平な政治システムの形成につながっている。[◆14] アメリカとヨーロッパの「占拠運動[◇13]」、アラブの春、ギリシャの危機、中国の農村で毎年何千と起きている暴動、南アフリカ

◆原注12　Tomas Pickketty, *Capital in the Twenty-First Century* (Cambridge, MA: Belknap Press, 2014).（邦訳：トマ・ピケティ、『21世紀の資本』、山形浩生・守岡桜・森本正史訳、みすず書房、２０１４年）

◆原注13　Joseph Stiglitz, *The Price of Inequality* (London: Penguin, 2013): xi.（邦訳：ジョセフ・スティグリッツ、『世界の99％を貧困にする経済』、楡井浩一・峯村利哉訳、徳間書店、２０１２年）

◆原注14　このトレンドに唯一抵抗している地域がラテンアメリカである。所得不均衡レベルは高いものの、２０００年までにほとんどの国々でその数値は減少している。

の街頭抗議。スティグリッツの見解では、これらの事象すべてを説明する根底にある要因はたった1つ、「不平等」なのである。

不平等の拡大が経済成長と人間の福祉に与える影響については、過去には相当な議論があったものだが、今はその議論は収束してきている。オックスファムが「不平等」について否定的な意見を持っていることは誰にも想像がつくだろう。しかし、前述の通り、ＩＭＦも最近になって、驚くほどに類似した結論に達しているのである。以下のような下りがその報告書に記述されている。

「それでも、成長に焦点を当てて不平等が自然と是正されるだろうという立場をとるのは誤りである。不平等が倫理的に望ましくないからのみではなく、不平等の下では経済成長率が低まり、不安定となるからである。再分配、そしてその結果として達成されるであろう不平等の削減が、より持続可能な、高い経済成長を促進すると考えられる」

ＩＭＦは以下のように記述している。「暫定的な合意事項として、不平等は経済成長を低下させ、その安定性を損なわせがちな傾向がある、と結論づけられる。これは、以下のような理由による。すなわち、不平等は、保健および教育分野の進歩を阻み、政治経済の不安定化を通じて投資活動を停滞させ、突然何かのショックが生じたときに対応するために必要とされる社会的なコンセンサスの形成を阻むのである。……それは平和と永続的な成長を減退させる傾向にある[15]」

なるほど、不平等が一定以上のレベルとなると、経済成長は崩壊し、教育と保健の進歩は阻まれ、所得における貧困が拡大するということはわかった。にもかかわらず、現実問題としてこの問題の解決は、まだほとんど不可能に見える。

地球規模の不平等に関して一体我々に何ができるのだろうか。共産主義・社会主義の崩壊によって、「革命的な解決方法」（つまり、土地や資産を没収して再分配する、といったような政策）の支持者はほとんどいなくなった。他方で貧困層に裨益するような教育、保健サービス、社会保障といった分野に公共支出を行う税制や財政政策を通じた修正主義的な政策への

◇訳注13　2011年9月からアメリカ合衆国ニューヨーク市マンハッタン区のウォール街において発生した、アメリカ経済界、政界に対する一連の抗議運動を主催する団体名、またはその合言葉を指す。政府の金融機関救済に対する批判、富裕層に対する優遇措置の批判などが主たる主張。その後世界900都市で類似の主張が訴えられた（出典：*The Guardian*）。

◆原注15　Jonathan Ostry, Andrew Berg and Charalambos Tsangarides, *Redistribution, Inequality and Growth* (Washington, DC: International Monetary Fund, 2014): 25, 4.

支持は高まってきているようだ。総体としてみるならば、ピーター・リンダート[◇14]の画期的著書“*Growing Public*”が、19世紀から20世紀を通して高い社会的分野の支出が、長期的な経済成長と福祉の向上にどのように結びついたのかを示している。[◆16]国のレベルでは、貧しい国々においては教育、保健、社会保障分野への（自国内の財源で賄われた）公共支出が、持続的成長、構造的改革、そして福祉の向上につながりやすいということを示す明確な証拠が近年になって得られている。社会政策とは、単に「公共のコスト」を負担しながら、貧困層・脆弱層を支援するだけのものではない。それは、持続的な国の経済成長を支え、すべての市民に社会的融合と福祉の向上をもたらす「公共投資」の役割を果たす、サービスを通じた富の再分配に他ならないのだ。

こうした公共政策に関する証拠は明確であるが、それを最も必要としているところ――世界の貧しい国々、最貧国――において実際に実行するのは簡単なことではない。これらの国々の政財界のエリートたち（欲深く、搾取的・略奪的でありがちだが）が、国際的なビジネス・エリートと結託し、彼ら独自の「社会規範」（「稼げるときに稼げるだけ稼げ。結局は誰もが自分のためだけにやっていることなのだ」）の下に行動している中で、社会的便益の高い政策の効果的な実施はまことに困難なのだ。進歩的な社会政策が貧しい国々で実施される例は増えてはいるが、支援資金額は約束された水準よりも低く、サービス提供を担う実施機関が基礎的サービスを貧しい人々に提供するのに失敗しても、誰にもとがめられない。

多くの貧しい国々の国内の産業界のロビーの強さが、社会的支出のための資金調達を困難にしているケースは多く見受けられる。これらのロビーは、多くの場合多国籍企業と結託して経済開放政策を進めている。多国籍企業は、税金逃れのために不当に価格づけされた製品を移転し、これら企業が好むレベル以上の税金が課せられそうになると、その国を離れるぞ、と脅しをかけるのである。ガバナンスの弱さに起因して、世界の多くの国々では、教育、保健、社会保障といった公共サービスが、福祉を向上し、将来の成長を支えるような形で提供されていないという事実もある。ガバナンスの弱さは能力的な低さに起因していることもあるが、ときには（例えばアフガニスタンのケースのように）悪意のある意識的な公共資産のミスマネジメントによる場合もある。そして、結局産業界と富裕層が税金や所得に関連

◇訳注14　Peter H. Lindert アメリカの経済学者、カリフォルニア大学デービス校ディスティングイッシュド教授。

◆原注16　Peter H. Lindert, *Growing Public: Social Spending and Economic Growth since the Eighteenth Century, Vols 1 and 2* (Cambridge: Cambridge University Press, 2004).

した義務を逃れてしまっているのだ。

「1％」の権力は難攻不落にも見える。我々は何らかの奇跡を待たなければならないのだろうか？　例えば、ビル・ゲイツが、彼の巨大な社会貢献活動（フィランソロピー）が世界の貧困を撲滅することは不可能だと認めるとか？　企業や、（彼のような）起業家が、国内の資金動員に悪影響を与えないように規制を受ける必要がある、と認めるとか？　彼らがもっと公共支出のために貢献するべきであり、それによって政府が広く裨益する経済成長、あまねく人々の富と福祉を促進することが可能となり、その結果として財閥政治が民主政治に取って代わられるかもしれないと認めるようになるとか？　そうでなければ、世界各地での抗議の波の高まりとそのインパクト（ときには社会を前進させる結果となることもあれば、エジプトのケースのように後退する場合もある）が十分に大きくならないと「1％」の人々には、このまま不平等を地球規模の常態にし続けていては、彼らの孫の世代に彼らの思うような世の中を創り出すことはできないということをわかってもらえないのだろうか。

絶望郷（ディストピア）を回避するには

地球環境と社会崩壊後の絶望郷を舞台とした数々の映画（アバター、ハンガー・ゲーム、TIME／タイム、ザ・ロード、マッドマックス、ダイバージェントシリーズなど）が現代社会で人気を博しているのは、おそらく単なる流行にすぎまい。しかし、これはもしかすると、事態はコントロールがきかなくなってきているのではないかという不安感、金持ち国の政治指導者たちが、自国民の人間の安全保障を向上させる意思あるいは能力に欠けているのではないか、という不安感の反映なのかもしれない。温室効果ガスの凝縮の直接的な責任は富裕国にあり、だから富裕国（民）は、排出を削減すると共に貧しい人々に対して、現在起きている、あるいは将来起きるであろう被害の対価を賠償する道義的要請がある。このような環境に関する問題と並行して存在するのが、グローバル資本主義の波である。この波は、極端な貧困の削減には貢献したが、世界中のほとんどの国々において、これまで見たことのないような規模で経済的な不平等を拡大している。ごく少数のエリートが――1％か、はたまたより正確には0・1％なのか――国内あるいは国際的な公共政策を形成し、メディアコントロールによって世論操作までできるようになってきている。

人類が直面するこれら2つの大問題（気候変動と不平等）は、過去から持ち越された諸問題とも密接に関連している。すなわち対外援助は良くても部分的な効果しか発揮しないということ、不公平な国際貿易体制、世界銀行とIMFによる政策の押しつけ、開発資金の不足、移民に対する壁などであり、いずれの問題も道徳的動機からも、利己的な動機からも、金持ち国が貧しい人々と貧しい国々に対してより効果的な支援を行う必要性を指し示している。そうした支援はどのような形で実行に移せるのだろうか。そしてどのようにすればその活動を活性化できるのだろうか。

5

約束破りから
地球規模の協働へ

金持ち国とその国民は、世界の貧しい人々を、今まで以上に支援するべきである。そうしなければならない理由は2つある。第一に、倫理的に正しいことであるから。第二に、それが自分たち自身の利益にもつながるから。ちっぽけで、人口過多で、がんじがらめに結びつきあっているこの地球のうえでは、どこか遠いところの問題は、いずれ金持ち国での問題を生み出す。それは予期せぬ人口移動であったり、新たな健康への危機であったり、麻薬の流入の急増であったり、国の安全保障への脅威であったり、などなど。いまこそ、これまでの約束破り状態に決別して、世界中のすべての人類が生きがいのある人生を送る可能性を持てるような、真の地球規模の協働に向けて動き出すべきときである。

比較的簡単な第一歩は対外援助のブービー集団——日本、韓国、アメリカ——の拠出を増やすことと、すべての援助機関の援助効率を大きく改善することである。ただし、これは最初の一歩にすぎず、これだけでは、貧しい人々が生活を向上させるペースを速めることはできない。真の進歩を遂げるためには金持ち国は大きな見取り図に焦点を当てなければならない。それは、成長と持続可能性と平等性を同時に前進させるような政策課題である。そして金持ち国は、より正確に言うなら金持ち国に住む意識ある国民は、貧しい国の意識ある国民とともに開発をめぐる国際的な政治経済問題に取り組まなければならなくなるだろう。その際、「これまで通り」を保持したがる既得権益と闘うことになる。包摂的な開発のためのより効果的な、地方レベルの、国家レベルのそして地球レベルのパートナーシップをこれまでにない形で作り出すために我々は、何をなすべきかを考え抜き、政治的な行動をとらなければならない。

何をなすべきか

そのためには、取り組み方を根本的に変えるべき5つの主要な政策領域がある。

第一は貧しい国々が、雇用を生み出す成長と人間開発の向上――健康、教育、社会的一体性――のための自前戦略を作れるよう、貧しい国々にとっての政治的スペースが拡張されなければならない。こうした政策を実施する際にはマクロ経済の安定に注意を払う必要があると同時に、幼稚産業を育成する産業政策とも、質の高い教育の提供、基礎保健の提供、より脆弱な人への社会的保護を提供するような再分配的な社会政策とも整合的でなければならない。(オーソドックスな経済自由化を信奉する)ワシントンコンセンサスの処方箋は、多くの低所得国でほとんど効果が出なかった。もともとの「アジアの虎」たちや、中国、インド、マレーシア、モーリシャス、ベトナムその他が採用し大成功した戦略は、自前のもっと異端的な戦略であった。

第二に、国際金融の大胆な改革によって、開発のための資金の流れを大幅に増加させ、同時に多国籍企業や途上国エリートによる貧しい国からの反道徳的あるいは違法な資金流出を劇的に減らさなければならない。中国の二国間援助の増加と、中国主導の多国間金融機関の役割が重要になってきて、開発金融の流れはすでに変化しつつある。こうした流れに沿って、ＢＲＩＣＳ諸国のイニシアティブも、貧しい国々の金融へのアクセス可能性を高めている。多国籍企業の租税回避によって損をしているのは途上国だけではないことに金持ち国が気づいたことで、多国籍企業への監視の目は厳しくなってきている。

第三に、国際貿易交渉の当事者は、一連の非互恵的取り決めによって貧しい国々も公平な競争条件で競争できるようにするために、２０００年のドーハ「開発ラウンド」の約束を果たすべきである。ＳＤＧｓは、とりわけ農産物の貿易において、その必要性を再確認した。経済自由化の議論の中には貿易とともに、国際移民の問題も含まれなければならない。地球規模の資本、財、サービスの自由な流れは、労働力の流れの自由化も伴わなければならないのだ。これは、貧しい人々にとってメリットがあるばかりではなく、急速に高齢化段階に入っている世界の一部すなわち、ヨーロッパや日本、そして間もなく仲間入りする中国、これらの地域が経済成長と社会的厚生を維持するためにも不可欠である。どの金持ち国も完全に労働市場を開放する用意はできていないとしても、既存の難民条約を尊重すべきであり、最近の「ヨーロッパ城」「オーストラリア城」がやっているような方法（移入制限）よりも効果的な方法をとることが不可欠である。

第四に、もし人類が安全で平等な未来を手に入れたいならば、気候変動についても考えなければならない。過去二世紀にわたる産業化社会における、エネルギー浪費型国民と企業による二酸化炭素排出が、今日の地球温暖化問題を生み出してきたのである。その落とし前をつけるために、金持ち国は二酸化炭素排出削減の先頭に立つべきだし、気候変動の帰結（海面上昇、ますます予測不可能になる熱波、集中豪雨、気候変動に伴う疾病の増加など）に適応しなければならない国々に対して支払いをしなければならない。加えて、ＢＲＩＣＳ諸国その他の新興国の経済成長は、とりもなおさず今や中所得国も温室効果ガスの排出量を増加させていることを意味する。したがって彼らもまた行動を起こさなければならない。２０１５年のパリ合意で国連加盟の１９５カ国が認めた進歩的合意は、温室効果ガスの排出に上限を設け、気候変動への適応過程に資金を振り向けることに、控えめながら期待を持つことができる基礎となるだろう。

最後だが、決して小さな問題ではない第五の政策領域である、今日の地球規模の資本主義が加速化させている所得と富の不均衡の拡大という問題にも取り組まなければならない。金持ち国が本気で世界の貧しい人々を助け、金持ち国の将来世代が存続可能な未来を作り出そうとするなら取り組まざるを得ない大きな課題のどれひとつをとっても、今日の国家間ならびに国内の不平等を容認してしまえば、解決不能になってしまう。資本主義は、資本（物理的資本、金融資本、そして知的資産）を支配するごく一部の人々の手の中に富を蓄積させるという歴史的な常態に立ち返ってしまった。より憂慮すべき問題は、ジョセフ・スティグリッツが示すように、経済的不平等は民主主義を侵食してしまうことである。既述したように、ごく小さな比率のエリートたち――全世界の１％かあるいは０・１％の人々――が国内的・国際的な政策を形作ることができるようになりつつある。なぜなら彼らは、(i)彼らの母国での政治的議論をコントロールできる能力を持ち、(ii)国家間の国際交渉をコントロールできるからである。企業の社会的責任（ＣＳＲ）・慈善的な信託基金、セレブとともにメディアに露出するなどという隠れ蓑に紛れて、こうしたエリートたちはその略奪的な社会的行動や振る舞いを覆い隠すことができるのである。

変化を実現するには

金持ち国は、人類全体の平等で存続可能な未来を創るために「何」をしなければならないかを徐々に理解しつつあるので、「何をなすべきか」と尋ねられれば、すらすら答えることができる。しかし、では「どのように変化をもたらすべきか」と尋ねられると、口ごもってしまうのだ。我々の指導者たちは、貧しい人々を助け、地球環境を守るための大言壮語を述べることは得意である。リオの地球サミット（1992年と2012年）でも、ニューヨークの国連本部でのMDGsとSDGs（2000年、2015年）でもそうだった。しかし彼らはこうした約束を実現することはあまり得意ではない。これは、指導者に限ったことではなく、「ポスト民主主義」時代に入り、我々の政治的指導者や政党に対してますます失望するようになった金持ち国の国民も同罪である。我々もまた指導者たちが約束を守るように要求することが得意ではない。そんな状態で不正義、不平等、地球環境の崩落から利益を得られることに甘んじている既得権益層にどのようにチャレンジすることができるのだろうか。この問いに対しては、戦略的に考え、組織的に考え、戦術的に考えたうえで行動をとる必要がある。

戦略的には、理念と組織の両面で進化をもたらす必要がある。理念に関しては、公共的な空間において理念をめぐる総動員戦が戦われなければならない。なぜ金持ち国が貧しい国々と貧しい人々を助けなければならないのかを理解させ、政治的指導者にこれまでと異なるアプローチをとらせるような圧力をかけるのである。この理念の戦いは、貧しい人々を助ける倫理的な基盤を説明するものでなければならないことはもちろんだが、それ以上に金持ち国の国民の繁栄のためにこそ、経済的、社会的、環境的に持続可能な文脈を作り出すべきだという自己利益に基づく理由についても説明するものでなければならない。推進されるべき個別具体的な目標は数多くある――例えば援助の効率性、貧しい人の薬へのアクセス、労働移動の自由化過程のコントロール、気候変動をめぐる公正さ、包摂的な成長、繁栄による出生率の低下、経済的不平等の是正、などなど――が、すべての目標を貫く包括的な原則が明らかにされなければならない。我々は「１つの世界」に生きているのであり、もし我々が自分自身の良い生活を望み、我々の子どもたちやその後の世代が良い生活を送る可能性を残したいと思うなら、社会的正義（貧困と不公平を少なくすること）と環境的な持続可能性はまずもって確保されなければならないのである。

組織的な取り組みには、多くの困難がある。金持ち国の開発ＮＧＯはエリートに対するアドボカシーでは多くの実績を上げてきた反面、市民社会とのつながりが希薄になってしまった。彼らの専門知識を駆使したキャンペーンや高いレベルの報告書、説得力あるパワーポイントのプレゼンテーションは国会や国際会議での議論に影響を与えることができるかもしれない。しかしながら、そうした成功も市民的な行動に人々を動員することには結びつかないし、債務免除のためのジュビリー２０００やフェアトレード運動のように大衆の行動を変えることには成功していない。有名なＮＧＯであれ、小規模なＮＧＯであれ、自らの支援者とのつながりを再構築するべきであり、寄付をもらえばそれで十分というわけではない。支援者の側もまた、（単に寄付をするだけでなく）ＮＧＯメンバーと同じように行動し、近隣の人々、地元の評議員、地方議員、国会議員、政党とともに、理念と関心を自分自身の問題として推し進めるよう、勇気づけられなければならない。キャンペーンを行うことを専門家と利害関係者だけの仕事にしてはならない。前進するためには社会的な根っこ——教会やモスク、学生団体、労働組合、女性組織、農民連合、消費者団体など——を持たなければならない。こうした根っこを持ってこそ連帯が生まれ、市民の声を政治的行動に結びつけることができるようになる。グローバルな開発が包摂的な目標群によって成り立っていることを踏まえれば、こうした連帯はさまざまなレベル間で試みられなければならず、金持ち国と貧しい国の国民間、組織間を結びつけるものでなければならない。これは容易なことではない。しかし、女性運動やフェアトレード運動、「国際スラム居住者連帯」◇1などの事例が示すようにNGOや市民社会集団は、革新的で効果的な組織作りをすることができるはずである。既得権益が周到に組織化されているこの世界においては、社会変化のために活動する活動家もまた、組織化されなければならないのである。

戦術的には、国民（市民）、市民団体、NGO、関心を持つ人々が結集するためには、2つの異なる道筋がある。第一は金持ち国の政策と実践に、大胆な変革を推し進めるための連携した圧力である。どのような形態がありうるであろうか。穏便なやり方としては、1998年のG8バーミンガムサミットのときに、重債務に陥った途上国の債務免除を要求して人間の鎖を作ったジュビリー2000運動の例がある。これによって数十億米ドルの債務が帳消しになった。より強硬なやり方としては、2008年と2009年にロンドンやニューヨークその他の都市の一部を占拠した「占拠運動」がある。さらに攻撃的で賛否両論を巻き起こしたのは、1999年のWTOシアトル会議の際に暴力的な行動に出て、街を麻痺させた抗議運動であった。この結果、貿易交渉にNGOや市民団体がより発言権を持って参加できるよう扉を開くことに成功したのである。そしてこれが、2001年のWTOドーハ開発ラウンド宣言につながったことは間違いない。

しかし、シアトルで用いられた戦術は、単に市民の反抗が物理的暴力に訴え、器物破損や警察との衝突に発展したエピソードとして片づけるわけにはいかない。この暴動の翌日に、私はオックスファムの幹部と話をした。幹部の1人はこう言った「オックスファムは暴力を決して支持しない。しかし、我々はこの抗議運動の結果に不満足というわけではない。ほんの数時間で、これまで我々に対して閉ざされていた扉をこじ開けることに成功したのだから」と。原則の問題として、開発援助機関は暴力を採用することはありえないし、自らが推

◇訳注1　開発途上国のコミュニティを基盤とした組織で構成される34カ国の世界的な連合。

し進めていこうとする価値——民主的な交渉、他人の意見を聞くこと、人権を尊重すること——を台無しにするような直接行動をとることもしない。しかし、社会的正義にかなう世界を実現するための通常の戦術では、必要とされる急速な進展をもたらすのは容易ではない。

このことは、第二の戦術、すなわち「漸進主義的改革」にも当てはまる。この戦術では時折発生する段階的な進化過程でも、「何か成果があるならそれは良いこと」として容認し、その進化の果実を最大限活用しようとする戦術である。これには、何年もかかって達成されるような漸進的、累進的な変化が含まれる。ゆっくりとだが改善されるいくつかの援助機関の援助実効性、開発に配慮した貿易交渉の必要性認識、金持ち国の気候変動に関する「共通だが異なる責任（CBDR）原則」の容認などがこれに当たる。こうした変化は「コツコツ」型だが、貧しい世界の人々の将来展望を少しずつ開いていく。世界の中心がアジアに移行しつつあるグローバル経済の中で、不断の改革を継続していけば、開発のための金融に変化が訪れたように、改善への動きを加速化できる可能性がある。

しかし、進歩的な社会変化を促進するためには、急進的アプローチと進化論的なアプローチは、「それかこれか」という選択の問題として理解してはならない。組織間の、そして人々の間の公的・非公的なネットワークをこの動きに巻き込むためには、戦略の組み合わせが不可欠である。過激な市民社会組織が既得権益層に挑戦することで、改良主義グループが政策変化を交渉する政治的スペースを生み出すことができる。したがって、世界の貧しい人々の利益を確保しようとする人々は、自分たちの活動をネットワークという視点から見直す必要がある。文字通り殺し文句である「ネスレは赤ん坊を殺している」というキャンペーンを張る組織は、アドボカシー団体や専門的な研究者が、企業の政策を一定の方向に変化させるための交渉の扉をこじ開ける。急進的な変化を要求することは、進歩に向けた「コツコツ型」の変化の積み重ね過程を加速することにつながるのである。

多極化世界への移行は、進歩へ向けた変化の機会を開く新たな政治的スペースを作り出してきたし、これからも作り続けるであろう。金持ち国が今日新興国、特に中国とブラジルから、そして出現しつつある中進国から受けている挑戦の結果、金持ち国はもっと自らのソフトパワー（援助、世界的課題への積極的取り組み姿勢、地球規模の公共財への貢献など）を活用して、自らの優位性を維持しその正統性を主張しなければならなくなるだろう。ＭＤＧｓのゴール８は「地球規模のパートナーシップ」を約束していたが、これは決して実現されることがなかった。２０１０年代後半の国際政治経済状況の変化と二国間援助機関の再活性化――ブラジルが持続可能性の主導役を担ったり、中国と米国が協調して二酸化炭素排出規制に積極的に取り組むようになったり、英国が二国間援助の指導役を買って出たり、もしかするとロシアが共通の敵（ダーエシュ）に対峙する際に協調は有効であることに気づいたりなど――が、ミレニアム・モーメント（世紀の変わり目のMDGsへの合意）以上の効果を生み出すことができるかどうか、予測するのは困難である。しかしそうした変化とは別に、MDGsからSDGsへの移行や、温室効果ガス排出規制への合意の緊急性認識は、今後の変化に向けた新たな可能性を開いている。

「1つの世界」へより速く向かうために

「統計やデータの類」を見るかぎり、世界の中の貧しい人々にとって物事は良い方向に向かっており、改善速度も加速していることが示されている。しかしそれでもなお、10億人から30億人におよぶ人々（数え方によってまちまちだが）が貧困状態に生きていることは間違いない。彼らにとってはごく基本的な人間的ニーズでさえ、その何かしらが欠けているのである。物資的にも、技術的にも、組織的にもあり余る資源を有しているこの現代世界に生きているにもかかわらず、これら30億人の人々の生活の改善のスピードは遅い。すべての人類に基本的なニーズを充足させるのに必要な資源は十分存在している。この資源はおそらく、すべての人につつましくても適切な生活水準（buen vivir）を保証し、かつすべての人類の脆弱性を低減させるのにさえ、十分かもしれない。しかし金持ち国の指導者たちは、すべての人が自らの尊厳を保ち、彼らの望みを実現する見込みのある人生を送れるように世界を再組織化する、という責任を自覚することはできていないのだ。

平等で、包摂的で持続可能な世界（ピーター・シンガーが我々は「１つの世界」を構成しているという概念を提唱した）[◆1]に移行するためには、艱難辛苦が伴うだろう。しかし、金持ち国の国民と指導者こそが行動を起こし、その先頭に立たなければならない十分な理由がある。その理由のいくつかは倫理的な根拠を持っている。金持ち国はより貧しい国々と貧しい人々が生きる見込みを改善するのを助ける能力を持っている。この能力には、対外援助をより効果的にすることから、地球規模の政策と行動について交渉する際に、貧しい人々が自らの生活を改善できるようになることを考慮に入れて支援することまでさまざまなものがある。一例をあげれば、フェアトレード、金融と技術へのアクセス改善、熱帯病の研究など、である。それに金持ち国は今日、貧しい人々が機会を認められていないことに部分的に責任がある。彼らの植民地支配と帝国主義的搾取の歴史、彼らが作り上げてきた経済的関係のあり

◆原注１　Peter Singer, *One World: The Ethics of Globalization* (New Haven: Yale University Press, 2002).（邦訳：ピーター・シンガー、『グローバリゼーションの倫理学』、山内友三郎・樫則章訳、昭和堂、２００５年）

方、そして彼らの二酸化炭素排出が今日の気候変動を作り上げてきたことなどがこれにあたる。金持ち国は、どれだけ控えめに見積もってもこうした問題の発生に加担してきた。したがって、金持ち国は、こうした問題に取り組む道義的責任がある。

こうした倫理的な理由づけばかりでなく、自己利益に基づく理由づけもある。もし金持ち国の国民が、子どもたちや孫たちに「分相応」の生活を送ってもらいたいと願うなら、そのためにはより公正で持続可能な世界を作らなければならない。今日と同様のやり方――持続不可能な生産と消費のシステム、予防可能な貧困の多さ、経済的不平等のさらなる拡大、社会的・政治的排除――を続けていたら、金持ち国の人々が望むような未来はやってこない。自分たち自身と子孫たちが持続可能な未来を描くことができ、経済的、社会的、環境的に持続可能で、1人1人の安全と国家の安全が保障されるためには、金持ち国は貧しい人々をより効果的に支援しなければならない。そのために必要な多くの政策的変化と行動については、本書で言及してきた。こうした政策変更と行動は、これまでのやり方とははっきり異なるものでなければならない。金持ち国は「援助のその先」を目指さねばならず、社会正義のためにより大きな問題群にシステマティックに取り組まなければならない。その問題群とは、貿易、気候変動、移民、金融と技術へのアクセスなどであり、社会的正義を真に地球規模の社会規範にしていかなければならない。そんなことはできっこない、不可能だと思うだろうか。しかし、奴隷制の廃止だってそのように思われていた。女性の参政権もそうだった、国際人権法の制定もそうだし、ごく最近では、極限的な貧困状態に置かれている人の数を１９９０年の世界人口の47％から２０１５年までに14％まで減らすことができたではないか。社会正義と持続可能な世界を実現することは容易なことではない、しかしその方向への歩みをもっともっと加速化させることはできるはずなのだ。

監訳者解説：自国民第一主義に挑戦する

デイビッド・ヒュームと日本

本書の著者、デイビッド・ヒューム（Hulme）は、現在マンチェスター大学グローバル開発研究所（Global Development Institute：ＧＤＩ）の所長であり、開発問題に影響力の強い英国開発学会（Development Studies Association：ＤＳＡ）の会長職を２０１４年から２０１７年まで務めるなど、イギリスを代表する開発研究者である。哲学に造詣の深い人ならば、18世紀イギリスの歴史学者で経験論哲学の完成者といわれるデイビッド・ヒューム（Hume）という名前には聞き覚えがあるかもしれないが、もちろん別人である。

本書のデイビッドの方は、１９５２年リバプール生まれのイングランド人で、ケンブリッジ大学で経済地理学の修士号を取り、その後パプアニューギニアで英国の国際ボランティア組織ＶＳＯ（日本の青年海外協力隊に相当）のボランティアとして最寄りの道路から歩いて3日のへき地の村で理科教員として2年働いた。その後、パプアニューギニア政府の公務員研修所で土地問題と農村開発の講師を務めた。こうした開発実務に携わりつつ、オーストラリアのジェームス・クック大学で博士号を取得、博士論文のテーマは「移住制度と農村開発」であった。その後は主としてマンチェスター大学で教鞭を執りながら南アジア、東アフリカなどをフィールドに開発研究と開発に関する政策形成にもかかわってきた。GDIの前身であるマンチェスター大学開発政策・マネジメント研究所（Institute for Development Policy and Management：IDPM）時代から、デイビッドの下には世界中から開発研究・実務を志す若者が集い、多くの日本人も彼の門下から巣立っている。本書翻訳チームの田中博子、土橋喜人の2人もその一門である。

私とデイビッドとの付き合いは、私の所属するアジア経済研究所開発スクール（IDEAS：イデアス）の集中講義を彼にお願いしたところにさかのぼる。デイビッドはとても鋭利なロジックを駆使する俊英だが、付き合ってみると「とっつきやすいおじさん」である。一週間の集中講義の間、アジ研近くのホテルに泊まってもらったのだが、行き来のために私が貸した赤いママチャリ自転車に、ひょうひょうと乗っているデイビッドの姿はなかなかほほえましかった。その後、私がDSAの会合に参加する都度挨拶を交わしていたのだが、2016年に本書の英語版刊行記念に彼が来日し、アジ研にも立ち寄ってくれた際「日本語に訳してはどうか」という話が持ち上がり、今回の日本語版の刊行に至ったのである。

1　本書の来歴と構成

デイビッドはイギリスの新聞『ガーディアン』（リベラル系の有力新聞で、開発援助・国際開発には比較的好意的である）に、しばしば「なぜ、イギリスは途上国に援助をしなければならないのか」というトピックで一般読者向けにエッセイを書いており、本書の内容とも密接につながっている。このため、本書も平易で初心者にもわかりやすい筋運びになっている。

第1章「なぜ、遠くの貧しい人のことを心配しなければならないのか」（翻訳担当佐藤寛）では、昨今の先進国（本書ではイギリスを主として扱っているが、大なり小なり日本を含む他の先進国にも当てはまる）での「援助」をめぐる議論を整理し、援助推進派、援助反対派のロジックを解説している。

第2章「対外援助の限界」（翻訳担当太田美帆）では、これまでの開発援助のやり方にどのような問題点があるのかを整理すると同時に、ＢＲＩＣＳなど新興国の登場によって先進国と途上国という既存の構図が当てはまらなくなり、またゲイツ財団などの民間団体の登場で「政府間援助」を超えた枠組みが必要になっていることを指摘し、個々の援助プロジェクトではなく、大きな見取り図で開発支援を考える必要性を指摘する。

第3章「何ができるのか？」（翻訳担当土橋喜人）では、開発における国家の役割をめぐる議論をおさらいし、これまで開発援助、貧困救済の文脈では考慮されていなかった「開発のための資金の流れ」や「貿易政策と貧困の関係」、さらには特にヨーロッパで関心を高めている「移民・難民」の問題に光を当て、これらの問題にも対処する必要があることを示す。

第4章「気候変動と不平等」（翻訳担当田中博子）は本書におけるデイビッドの主張の柱の1つである。この2つの問題と「貧困」との関係を示し、いずれも放置すれば途上国の貧しい人だけでなく先進国の我々にも不利益が訪れるのだ、と主張する。

終章「約束破りから地球規模の協働へ」（翻訳担当紺野奈央）では、1人1人の読者に語りかけるように、「先進国の市民」としてなすべきことは何かを論じている。デイビッドはこれまで用いられてきた「国際開発（International Development）」という言葉は、「グローバルな開発（Global Development）」に置き換わられるべきだと主張し、「金持ち国」の1人1人が、「1つの世界（one world）」の市民としての意識を持って行動することを勧める。2016年のBrexit（イギリスのEU離脱投票）や、トランプ大統領の登場などに象徴される「自国第一」主義が力を増す中で、こうしたデイビッドの主張がどの程度受け入れられるのかは読者1人1人の世界観にかかっている。

2 日本での文脈（普遍的側面）

以下では、本書が日本の文脈でどのように読むことができるのか、について考えてみたい。訳者代表である私（佐藤寛）も、デイビッドと同様、過去30年以上にわたって、「援助」をめぐる諸問題を主として「社会的影響」という視点から研究してきた。このことは、とりもなおさずいつも「なぜ、わざわざそんな他人のことにかかずらわなければならないのか」という周囲からの問い、そして自分自身の疑問と付き合い続けてきたことを意味する。

現在、途上国の開発に携わる仕事をしているすべての人は、多かれ少なかれこの問題と格闘しているに違いない。本書の英語タイトルにあるように「金持ち国（＝先進国）は貧しい人々を助けなければならないのか」というのは普遍的な問いである。どの先進国、援助供与国、ＯＥＣＤ諸国でも、濃淡はあれ、国費を投じて途上国の支援をすることに対する賛否両論がある。日本の対外援助の指針である「ＯＤＡ大綱（２０１５年に開発協力大綱へと名称変更）」自身が、この問いに対する答えを模索してきたのだ。日本が世界一のＯＤＡ大国となって初めて策定された１９９２年のＯＤＡ大綱では、「人道的理由」とともに「相互依存」があげられていた。10年間維持した「ＯＤＡ世界一」の座から滑り落ちた後に発表された２００３年の改定ＯＤＡ大綱では、２００１年の同時多発テロの影響もあって「テロを防ぐためにも貧困削減」という利他・利己混合ロジックが現れ、ＭＤＧｓからＳＤＧｓへの移行を背景とした２０１５年の開発協力大綱では、「国益」概念が正面に躍り出て「日本企業の利益」がＯＤＡと両立すべきとの論調が生まれた。これらの変化は基本的に本書で取りあげられている欧米の論調と軌を一にしている。あるいは、いつものことながら日本の外交政策がＯＥＣＤ諸国を後追いしていることの証左ともいえるかもしれない。

3　日本での文脈（価値依存・歴史依存的側面）

とはいえ、援助は本質的に異文化越境的な行為であり、そのため「援助する側」「される側」それぞれの価値観のズレが問題を複雑にする。それが、私の研究アプローチである開発社会学・開発人類学の醍醐味でもある。こうした視点から見ると、日本の途上国政策を支える文化的背景は欧米のそれとはかなり異なる。本書の読者のために、少しだけこの点について考えてみよう。私は、日本の援助文化には2つの特徴があると考えている。それは「非キリスト教文化圏」であることと、「援助された経験」を持っていることの2つである。

チャリティー（Charity）をめぐって

前者の点は、主に「チャリティー」をめぐる概念に表れている。欧米諸国にはあまり見られない反応として、チャリティーは「偽善ではないか」という疑心暗鬼が多くの日本人の中にはあるように思われる。Charity の日本語訳は英和辞書的には「慈善」である。しかし、この言葉から一般の日本人が思い描く気持ちと、イギリスの庶民にとっての charity のニュアンスはかなり異なる。前者は「特別な人のすること」であり、後者は「普通の人がするべきこと」である。このことを私は南イングランドのブライトンで実感した。

イギリスにはいくつか「開発研究」の核となる研究所があり、デイビッドが所長を務めるマンチェスター大学GDIもその1つだが、ブライトンにあるサセックス大学開発研究所（IDS）も開発研究をリードする研究所・大学院で、私は2010年から2011年にかけてここに客員研究員として在籍していた。IDSには世界各地の途上国から多くの留学生が集い、日本からも毎年十数名の留学生が学びに来ている。このため、世界のどこかで自然災害などが起これば即座に学内で募金が始まるのである。例えば2010年1月にはハイチで大地震、同じく2010年7月〜9月にかけてはパキスタン洪水があり、私の滞在中も学内ではこれら災害の被害者への支援を呼びかけるポスターなどがしばしば見かけられた。そして2011年、東日本大震災が起こった。

イギリスと日本には時差が8時間あるので3月11日金曜日、我々は朝のBBCニュースで大地震を知り、津波の映像が繰り返し放映されるのを見た。自身の故郷が被災した学生も含めて、日本人学生たちは何もできない自分たちにもどかしさを感じ、週末に集まって話し合いをし、14日月曜日から学内で募金を開始することに決めた。私もアドバイザー的にその準備会合に参加した帰り道である。日曜日の夜8時くらいだったろうか。ブライトンの町の中華レストランを出てバス停まで歩く日本人の集団と自転車に乗ったイギリス人がすれ違った。すると彼は引き返してきて我々に尋ねた「君たちは日本人か？」。そうだと答えると「大地震の被害は大変だと思うから、寄付をしたい。どこに行けば寄付ができるか教えてくれ」と言うのだ。我々が募金箱を持って立つ以前に、すでにイギリス人の彼の中では「チャリティーをしなければ」という条件反射的な行動が始動したのだ。むろん、すべてのイギリス人がチャリティー好きだというのではない。しかし、一般的なイギリス人は何かあれば「寄付をする」のが当然だというハビトゥス（慣れ親しんだ行動様式）を身につけているという事実は重要である。デイビッドもそうしたハビトゥスを小さいころから身につけてきたに違いない。本書を読むときにはこの事実は押さえておくべきだろう。

翻って、日本人にとっての「チャリティー」はどうだろうか。もちろん「良きこと」と認識されてはいるが、同時にチャリティーに「偽善」の疑いをさしはさむことも決してまれではない。1つには、儒教的な哲学に陰徳という考え方があり、何か他人のために良いことをする場合それを誇示するのはしたない、という理念が存在している。とはいえ、明治期の文明開化以降、商売などで成功した人がさまざまな社会活動に出資し「慈善家」と呼ばれる例も少なくない（渋沢栄一、安田善次郎、大原孫三郎等）が、それはあくまでも「金持ち」の仕事である。また、やはり明治期以降キリスト者が国内の貧困層（スラム、孤児など）への支援活動に従事する例（石井十次、山室軍平、賀川豊彦等）も知られているが、これも「篤志家」の仕事として理解される。では、庶民は「チャリティー」と無縁なのか。日本人はチャリティー的な行為にためらいを感じる、それは「ケチ」だからだろうか。私はそうではないと思う。

「お互いさま」について

日本には「情けは人の為ならず」ということわざがあり、利他はまわりまわって自己利益になる、という論理が積極的に支持されている。誰かが困っているときに救いの手を差し伸べることは、いずれ自分が困ったときに助けてもらう可能性を高めるという考え方は理解しやすい。実は、これが本書におけるデイビッドの主張の1つ「共通利益」とも親和性が高く、この意味で日本人の方がイギリス人読者よりデイビッドの主張を受け入れやすいのかもしれない。

庶民が、他の困っている人を助けるという事例は決して例外的ではない。戦後の復興期（昭和34年＝1959年）に伊勢湾台風が三重県を襲ったとき（死者・行方不明者約5000人）、遠く離れた愛媛県の婦人会で「赤十字義援金」が集められていた事実もある（愛媛県西宇和郡大江婦人会）。しばしば「チャリティー文化がない」と言われる日本にあっても、日本赤十字の婦人会を母体とする募金動員力は無視できない。ただし、これには自発的な意思というよりも、「隣がするならうちも」という社会的なプレッシャーに動機づけられている部分は否定できないが。

第二次世界大戦後の復興期には、自分自身が必ずしも裕福でなくとも、何とか自立できる程度まで生活を立て直せた人が、まだ生活に苦しんでいる人に手を差し伸べるという「同胞愛」的な動機づけも強かったと思われる。例えば戦災を受けた福祉施設の復興のために昭和22年（1947年）に設立された「赤い羽根」共同募金は、今日でも学校や事業所を拠点に集金力を持っている。また、昭和26年（1951年）に「みんなで明るいお正月を」というスローガンで始まったNHK歳末助け合い運動（第1章訳注2参照）も、個人ベースの募金（チャリティー）である。さらに、昭和35年（1960年）に開始されたベルマーク運動は、商品に付帯する「ベルマーク」を集めることで間接的な寄付をするCRM（物語つき販売）の嚆矢と言えるユニークな支援活動だが、基本的には自分たちの学校の備品を整備するという自己利益が中心になっているものの、資金の一部はへき地の学校に届けられる。余談ながらCRMは本書でも触れられているフェアトレードなどの「連帯経済」運動の重要な戦略の1つである。

援助された経験

もう1つ、日本の援助文化・寄付文化を考える際に重要なのは「援助された経験」である。日本国内で、日本赤十字と並んで寄付集金力を誇るのは「日本ユニセフ協会」だが、これは国連組織ではなく日本国内の組織として昭和30年（1955）年に財団法人として設立されている。そしてその前身は「ユニセフへの感謝状」の整理のための組織であった。当時日本はユニセフの粉ミルクをはじめとする支援を受ける「被援助国」であったが、日本国民はこうしたユニセフからの支援に感謝し、その気持ちを感謝状として国連に送ろうとした。しかし、あまりにその数が多かったためGHQ（連合軍総司令部）の人員では処理しきれず、1949年に感謝状整理のためのボランティアが募られたのである。翌1950年には上野で「ユニセフ感謝の集い」が開催され、ユニセフへの募金（まだこのときには日本はユニセフからの支援を受けていたにもかかわらず、である）が行われ、当時米国統治下にあった奄美大島への支援に用いられたという（日本ユニセフ協会ホームページ）。

このように、日本では「困っているときはお互いさま」という理念は受け入れられやすい。そして、2011年の東日本大震災時には、多くの途上国から「支援物資」が贈られ、同年日本は世界一の援助受け入れ国（金額ベース）となった。この支援はこれまでの日本からのODA（政府開発援助）への返礼として理解された。こうした「被援助国と援助国との立場の相互往還」という考え方は、他の援助受け入れ国にはあまり見ることができない（被援助国から援助供与国への卒業、という事例は中国・インドをはじめとして少なくないが）。

このことは、日本の援助文化の中に、「劣位に置かれたものの気持ち」に対する共感がある、ということの裏返しかもしれない。近代の世界大戦で、勝ち続けた国は少ない。イギリス、アメリカ、そして一度はドイツに敗れたが盛り返したフランスなどが「常に優位」を経験している。これに対して、日本は第二次世界大戦で壊滅的な敗北を経験し「劣位」の状況を受け入れた。いやそれ以前にそもそも、明治維新を開始した時に「劣位」であることを自覚して「和魂洋才」を開始したのだ。このスローガンには、技術的に遅れていることの自覚、自力で追いつかなければならないという強いモティベーションと同時に、そうした劣位状態を不愉快に感じる矜持が現れている。この文明開化は「殖産興業」「富国強兵」という政策パッケージを伴い、政府はこのためにお雇い外国人を雇ったが、これは欧米からの「援助」によるものではなかった。「途上国」ニッポンが自前の金で給料を払ったのだ。日清・日露の戦争もスポンサーつきの傀儡戦争ではなく（もちろん日英同盟のイギリスの利害は大きく影響したが）戦費も、ヨーロッパで（主としてイギリスで）「国債」を発行して賄ったのだ。だからこそ、戦争の成果としての賠償金・領土獲得にこだわらざるを得なかったのだが。

こうした「劣位からの上昇」と「奈落への転落」を経験した先進国は少ない。こうした歴史が日本人の「援助観」には強く影響を与えているはずであり、デイビッドの議論にはこうした日本の事情は当然ながら欠落している。

4 「金持ち国」という訳語と日本語の書名について

本書の原題は*Should Rich Nations Help the Poor?*である。このRich Nationを何と訳すかについては翻訳チームの中でも意見が分かれた。開発や貧困問題に関する類書はいくつか翻訳されており、そうした書籍にもrich nationは登場するがたいていは「富裕国」、時として「先進国」と訳しているようだ。「富裕国」「先進国」なら日本の読者は、これに日本が含まれることを抵抗なく受け入れるだろう。デイビッドのメッセージの1つは、読者1人1人に対して「あなたの義務」として貧困支援を考えてもらおう、ということなのでこの意味では妥当な訳である。しかし、「富裕国」「先進国」はあまりにお行儀のよい（価値中立的な）日本語なので、これでは読者の心にしっかりと刻み込まれないのではないか、と私は考えた。そこで提案したのが「金持ち国」である。しかし日本語の「金持ち」にはどこか鼻持ちならないニュアンスがついて回るので読者の反感を招くのではないかという異論も翻訳チームのメンバーから出された。確かに「金持ち」という言葉には「自分より金銭的に恵まれている他者へのやっかみ」も込められており、普通の日本人は「自分とは違う人」という感覚で使っているかもしれない。しかし、デイビッドのもう1つのメッセージは、「あなたは自分には関係がないと思っているかもしれないけれど、知らんふりをするのは無責任だ」というものだ。だとすれば「自分勝手」「無責任」というニュアンスをそれとなく持つ「金持ち国」

という言葉の方が、読者に語りかける力が強いのではないかと考えたのだ。

ただし、そもそもこれはデイビッドの意図した rich nation と合致するのか、というのが気になる点であった。そこで私は2017年の9月にデイビッドが会長を務めるイギリス開発学会（Development Studies Association）の研究大会に行き、3日間の会期の2日目の昼休みに翻訳用語についてかなり突っ込んだ話をした（デイビッドの日本語版への序文にもこのことが言及されている）。この話し合いを経て「金持ち国」でもデイビッドの意図から大きく外れないと判断したのである。なお、翻訳作業は翻訳チームで分担して行ったが、最終的な用語統一、ニュアンス統一などは佐藤寛が行った。誤訳、文脈の取り違えなどがあればすべて監訳者の責任である。

次の難題は書名であった。外国語の本や映画を日本語に訳す場合、常にこの問題に突き当たる。本書も素直に訳せば「金持ち国は貧しい人々を助けるべきか？」という書名になるだろう。しかし、書名としては少々まどろっこしい。翻訳チームと出版社の話し合いで『貧しい人を助ける理由』というタイトルが良さそうだ、となったもののこれだけでは国内の福祉の話なのか、国際的な慈善活動の話なのかわかりにくい。そこでサブタイトルをつけようということになった。当初「飢えているアミーナは君の隣人」という案があった。「アミーナ」というのは架空のバングラデシュ人の女の子の名前である。このサブタイトル案については、「飢えている」「アミーナ」「隣人」のそれぞれに異論があった。そもそも、「貧しい人」と「飢えている人」を短絡的に結びつけるのは本書の趣旨に反するのではないか、「アミーナ」という名前は本書にも出てこないし（「遠くのベンガル人の名前も知らない子ども」という表現は第1章にあるが）読者の頭にすっと入らない、「隣人」という言葉はキリスト教的な倫理観を想起させる、というのがその理由である。そこで、「飢えている」を「遠くの」に、「アミーナ」を「あの子」に、「君の隣人」を「あなたのつながり」に変えてようやく翻訳チームの合意を得た。そして「遠くのあの子」のイメージを思いうかべるために、表紙カバーにアジア経済研究所の同僚山形辰史氏からバングラデシュの少女の写真を提供いただいた。

5　共通利益と正義感

デイビッドはDSA会長以外にも、多くの役職を兼任していてとても多忙である。しかし、彼は我々とのやり取りに関して大変に誠実に対応してくれた。私がマンチェスターやブラッドフォード（2017年のDSA年次大会）に訪ねていき、翻訳についての打ち合わせをお願いすると、忙しいスケジュールの合間を縫って時間を作ってくれた。デイビッドが「当然」と考えていることに対して、私が「日本ではそうではない」という反応をすると、彼は素直にその説明に耳を傾けてくれる。謙虚な好奇心は、偉大な学者の不可欠な資質である。

こうしたやり取りの中で私は、デイビッドが本書で伝えたい真のメッセージは何だろう、と考え続けていた。

デイビッドは本書で貧しい国を助ける理由として、道徳的義務、道義的責任と並んで、「共通利益」、「自己利益」を強調している。チャリティーの本場でさえ「自分第一」が勢いを増す昨今、自己利益との折り合いを語らなければ貧しい人々への支援が確保できなくなりつつある、という点にデイビッドは危機感を覚え、本書の執筆に至ったのだろう。このため本書でデイビッドは、貧しい人を助けることは利他に見えて、実は長期的には自分に、そして自分の子どもや孫に跳ね返るのだ、というロジックで「援助反対」「自国民第一主義」の「利己主義者」を説得する戦略を選んでいるのだ。この戦略は、現状では最も現実的かつ政治的に正しいに違いない。しかし私は、デイビッドは本心ではそんなことを信じていないのではないかと思う。「利他で何が悪いのか。それが人としての義務ではないのか」という正義感こそが、彼の尽きせぬエネルギーの源泉ではないだろうか。しかし、正義感だけでは、十分な資源を貧しい人々に届けることができない。これがもどかしいことながら現実である。それゆえに、デイビッドはその正義感を共通利益という衣装に包んで、どんなわからず屋にも納得のいくようになるべくわかりやすく説き明かし、1人でも多くの同志を得ようと戦っている。それが本書ではないかと思うのだ。

ただし、これは私の深読みにすぎるかもしれない。とはいえ、人なつこさを感じさせるデイビッドのスピーチには、いつも貧しい人々に対する深い共感と知識人としての正義感があふれていることは間違いない。

この日本語版が援助をめぐる文化背景の異なる日本で、どれだけの共感を得られるかはわからないが、「グローバルな開発」に読者が関心を持つきっかけになれば、これに勝る喜びはない。

２０１７年10月６日

翻訳チームを代表して　佐藤寛

貧《まず》しい人《ひと》を助《たす》ける理由《りゆう》——遠《とお》くのあの子《こ》とあなたのつながり

2017年11月30日　第1版第1刷発行
2019年3月10日　第1版第3刷発行

著　者 —— デイビッド・ヒューム
監訳者 —— 佐藤　寛
発行所 —— 株式会社日本評論社
〒170-8474　東京都豊島区南大塚3-12-4
電話　03-3987-8621（販売）　03-3987-8595（編集）
振替　00100-3-16
URL　https://www.nippyo.co.jp/
印　刷 —— 精文堂印刷株式会社
製　本 —— 株式会社難波製本
装　幀 —— 図工ファイブ
検印省略
Printed in Japan, ISBN978-4-535-55889-2

◆著者
デイビッド・ヒューム（David Hulme）
1952年生まれ。1974年、イギリスのケンブリッジ大学修士課程修了。1984年、オーストラリアのジェームス・クック大学博士課程修了。マンチェスター大学慢性的貧困研究所参事、開発政策・マネジメント研究所所長などを歴任。現在は、マンチェスター大学国際開発学部教授、グローバル開発研究所（GDI）専務理事などを務める。専門は開発学、経済地理学、社会政策。著書：『Should Rich Nations Help the Poor?』（Polity Press、2015年）、『Global Poverty: Global Governance and Poor People in the Post 2015 Era』（Routledge、2015年）、『The Close for Comfort? NGOs, States and Donors』（共著、Palgrave、second edition 2014年）など。

◆監訳者
佐藤寛（さとう・かん）
1957年生まれ。日本貿易振興機構アジア経済研究所上席主任調査研究員。1981年、東京大学文学部社会学科卒業。1981年 アジア経済研究所入所。1991年より援助プロジェクトを研究フィールドとする開発援助研究を開始。アジア経済研究所研究支援部長、開発スクール事務局長、研究企画部長などを歴任。イエメン共和国サナア大学にて客員研究員、国立民族学博物館外来研究員、英国サセックス大学開発研究所客員研究員を経験。専門は、開発社会学、地域研究（イエメン、エリトリア）、援助研究、日本の開発経験研究。第1章担当、全章監訳。
著書：『イエメン～もう一つのアラビア～』（アジア経済研究所、1994年）、『開発援助の社会学』（明石書店、2005年）、『フェアトレードを学ぶ人のために』（編著、世界思想社、2011年）など。

◆訳者

太田美帆（おおた・みほ）

玉川大学文学部英語教育学科准教授。英国レディング大学大学院修士課程修了、博士課程満期退学。専門は、農村社会開発、生活改善普及、エンパワーメント、ファシリテーションなど。第2章担当。
著書：『国際協力学の創る世界』（共著、朝倉書店、2011年）、『開発と農村：農村開発論再考』（共著、アジア経済研究所、2008年）など。

土橋喜人（どばし・よしと）

1968年生まれ。NPOスーダン障害者教育支援の会（CAPEDS）理事。2000年、アジア経済研究所開発スクール（IDEAS）修了。2001年、英国マンチェスター大学開発政策マネジメント研究所（IDPM）修士課程修了。宇都宮大学大学院工学研究科博士後期課程在学。専門は、障害と開発、社会開発など。第3章担当。

田中博子（たなか・ひろこ）

1963年生まれ。株式会社かいはつマネジメントコンサルティングODA部門地域産業開発部コンサルタント。2005年、英国マンチェスター大学開発政策マネジメント研究所（IDPM）博士課程修了。専門は、開発政策、行政組織分析、人材育成。第4章担当。

紺野奈央（こんの・なお）

1989年生まれ。東京大学東洋文化研究所。2013年、英国王立農業大学修士課程修了。2012年、ロンドン政治経済大学修士課程修了。専門は、農村開発、日本の戦後開発など。第5章、読書ガイド担当。

もう少し勉強したい人のための読書ガイド

国際開発の歴史や今日的な意義を理解したい読者は、まずアンガス・ディートンの『大脱出――健康、お金、格差の起源』（みすず書房、2014年）の素晴らしい分析を読むことをお勧めする。チャールズ・ケニーの『*Getting Better: Why Global Development Is Succeeding and How We Can Improve the World Even More*』（New York: Basic Books, 2011）は、人間社会がどれほど良くなったのかについての楽天的な状況を伝えてくれる。拙著『*Global Poverty: Global Governance and Poor People in the Post 2015 Era*』（London: Routledge, 2015）は、地球規模の貧困の概念を検討し、グローバルな開発をめぐる理論の概要と、世界の貧困削減の実践事例を検証している。国家形成の歴史的過程とともに、繁栄や貧困について多くの示唆を持つ「包摂的な統治（インクルーシブ・ガバナンス）」について理解するためには、ダロン・アセモグルとジェイムズ・ロビンソンの『国家はなぜ衰退するのか――権力・繁栄・貧困の起源』（早川書房、2013年）を読むのが良いだろう。

世界の中でも最底辺の人々、特にアフリカの人々の将来展望の探求にあたっては、ポール・コリアーの『最底辺の10億人――最も貧しい国々のために本当になすべきことは何か？』（日経BP社、2008年）を読んでほしい。一方で、アンディー・サマーは論文『Where do the poor live?』（*World*

Development 40(5) (2012) : 865-77) の中で、現在の世界の貧困のうち大多数は、特にインドや中国のような中所得層の国々で生きていることを指摘している。人間開発や貧困に関するデータは、世界銀行（http://www.worldbank.org/）、国際連合（http://www.un.org/）、オックスフォード貧困・人間開発イニシアティブ（http://www.ophi.org.uk/）のホームページから得ることができるが、こうしたデータをうのみにしてはいけないということは、知っておかなければならない。モーテン・ジャーバンの『*Poor Numbers: How We Are Misled by African Development Statistics and What to Do About It*』(Ithaca, NY: Cornell University Press, 2013）は、貧困や開発に関する統計がいかに考察や理解を損ねるかを詳細に説明している。どの金持ち国が世界的な貧困のために行動しているかは、開発貢献度指標（CDI: Commitment to Development Index、https://www.cgdev.org/）を参考にすると良い。

貧しい人々を助ける倫理観について書かれた良書は、ピーター・シンガーの『あなたが救える命——世界の貧困を終わらせるために今すぐできること』(勁草書房、2014年)、トマス・ポッゲの『なぜ遠くの貧しい人への義務があるのか——世界的貧困と人権』(生活書院、2010年)、そしてディーン・チャッタジーの『*The Ethics of Assistance: Morality and the Distant Needy*』(Cambridge: Cambridge University Press, 2004）である。ピーター・シンガーの『Famine, affluence,

and morality』(*Philosophy and Public Affairs* 1(3) (1972) : 229-43) は、今でも十分な適用可能性・妥当性を持つ草分け的な論文と言えよう。ダン・ブロッキントンの論文『*Celebrity Advocacy and International Development*』(London: Routledge, 2014) では、金持ち国の一般市民の開発や貧困に対する態度や無関心さについて、ポスト・デモクラシー理論を用いて説明している。ポスト・デモクラシー理論の全体像は、コリン・クローチの『ポスト・デモクラシー——格差拡大の政策を生む政治構造』(青灯社、2007年) の中で詳細に述べられている。

第2章で焦点を当てた、対外援助に関する文献は、幅広くかつ膨大である。近年の援助動向の全体感を掴むには、ロジャー・リドルの『*Does Foreign Aid Really Work?*』(Oxford: Oxford University Press, 2007) を読んでみると良い。ベテランの実践者による、より最近の評価については、マイルズ・ウィックステッドの『*Aid and Development: A Brief Introduction*』(Oxford: Oxford University Press, 2015) を見てみよう。対外援助の増額が貧困削減において主要な役割を果たす事例については、ジェフリー・サックスの『貧困の終焉——2025年までに世界を変える』(早川書房、2006年) で述べられている。反対に援助は大した役割を果たさない、もしくは貧困を引き起こすとする意見はウィリアム・イースタリーによる2つの学問書である『傲慢な援助』(東洋経済新報社、2009年)、および『*The Tyranny of Experts: Economists,*

Dictators and the Forgotten Rights of the Poor』（New York: Basic Books, 2013）の中で述べられている。対外援助プログラムがさまざまな国において、どのように展開していくのかについてより深い理解を求めるなら、キャロル・ランカスターの『*Foreign Aid: Diplomacy, Development, Domestic Politics*』（Chicago: University of Chicago Press, 2007）がお勧めである。エマ・マーズリーの『*From Recipients to Donors: Emerging Powers and the Changing Development Landscape*』（London: Zed Press, 2012）では、BRICs が対外援助にどのような影響を与えたかについて、分析している。開発における NGO の役割を概観するためには、私とマイケル・エドワードの共著『*NGOs, States and Donors: Too Close for Comfort?*』（London: Palgrave, second edition, 2014）を読んでほしい。

第 3 章に移ろう。金持ち国は「beyond aid（援助のその先）」に向かうべきであると説得力を持って述べているナンシー・バードサル、ダニ・ロドリック、アービンド・サブラマニアンの『How to help poor countries』（*Foreign Affairs* 84 (4) (2005)：136-52）は思慮に富んだ論文である。ダニ・ロドリックの『*One Economics, Many Recipients: Globalizations, Institutions and Economic Growth*』（Princeton: Princeton University Press, 2009）と、『グローバリゼーション・パラドクス――世界経済の未来を決める三つの道』（白水社、2013年）の素晴らしい 2 冊の本は、どのように、そしてなぜ国家政策、国際貿易、国際金融は、貧しい国々や人々の発展を抑

制するのか、またどのように世界は「良識あるグローバル化」に向かって歩み始めることができるのかについて、説いてくれている。これらの問題に対し、早くから批判的に検討していたのが、ハジュン・チャンの『はしごを外せ――蹴落とされる発展途上国』（日本評論社、2009年）と、ヨハン・ウェンストロームの『*Bad Samaritans: Rich Nations, Poor Policies and the Developing World*』（London: Random House Business Books, 2007）である。これらの問題に対し、右派がどのように考えているのかを知りたければ、ディーパク・ラルの『*Poverty and Progress: Realities and Myths about Global Poverty*』（Washington, DC: Cato Institute, 2013）を読むと良い。対する左派の反論は、ジョン・ヒラリーの『*The Poverty of Capitalism: Economic Meltdown and the Struggle for What Comes Next*』（London: Pluto Press, 2014）が参考になるだろう。

最近の行きづまった貿易交渉をいかに打破するのかについての興味深い提案は、ローデン・ウィルキンソンの『*What's Wrong with the WTO and How to Fix It*』（Cambridge: Polity, 2014）から読み取ることができる。また、資金の流れがどのように貧困を作りだすのかを明らかにした研究については、デブ・カー、レイモンド・ベーカー、トム・カーダモアの『*Illicit Financial Flows: The Most Damaging Economic Condition Facing the Developing World*』（Washington, DC: Global Financial Integrity, 2015）を参考にしてほしい。データ

は Global Financial Integrity のホームページ（www.gfintegrity.org）から確認することができる。ポール・コリアーの『*Exodus: Immigration and Multiculturalism in the 21st Century*』（London: Penguin, 2014）は、世界の貧困および不平等と大規模な国際的移民の関係についての見解を提示している。アイアン・ゴールディン、ジェフリー・キャメロン、ミーラ・バララジャンの『*Exceptional People: How Migration Shaped Our World and Will Define Our Future*』（Princeton: Princeton University Press, 2011）は、過去・現在・未来の移民について研究している。金持ち国、特にアメリカが、貧しい国の暴力をより減らすことができるはずであるし、法的処置や刑事司法へのアクセスを改善することができるはずであると詳細な検討に基づいて主張する、ギャリー・ホーゲンとビクター・ボートロスの『*The Locust Effect: Why the End of Poverty Requires the End of Violence*』（New York: Oxford University Press, 2014）を読んでみよう。クリストファー・コーカーの『*Can War Be Eliminated?*』（Cambridge: Polity, 2014）は、国際平和の展望を学術的に分析している。ただし、彼は決して楽観主義ではない。

第４章を構成する２つのテーマの１つである、気候変動とその影響について述べた信頼できる研究は、IPCC によってなされ、それは AR（アセスメントレポート）５として知られている。４つの詳細な報告書が2013年から2014年にかけて出されているが、それらの要約版を読むだけで十分な情報を得

ることができる。それぞれの報告書はホームページ（http://www.ipcc.ch/report/ar5/）より確認することができる。経済学的観点からの分析は、ニコラス・スターンの『*Why Are We Waiting? The Logic, Urgency and Promise of Tackling Climate Change*』（Cambridge, MA: MIT Press, 2015）を読むと良い。ナオミ・クラインの『これがすべてを変える――資本主義VS気候変動』（岩波書店、2017年）の中では、地球上のすべての人による、革新的かつ早急な行動の必要性が強く主張されている。まったく反対の視点――気候変動は起きておらず、私たちは何もしなくて良い――を知るためには、アラン・モランの論文集『*Climate Change: The Facts*』（London: Stockade Books, 2015）に目を通しておくと良いだろう。

第4章のもう1つのメインテーマである、不平等が与えるダメージの影響について理解するためには、リチャード・ウィルキンソンとケイト・ピケの『*The Spirit Level: Why Equality Is Better for Everyone*』（London: Penguin, 2010）という古典的な書物が欠かせない。アメリカについては、ジョセフ・スティグリッツの『世界の99%を貧困にする経済』（徳間書房、2012年）を勧めたい。トマ・ピケティは、彼の著書である『21世紀の資本』（みすず書房、2014年）の中で、不平等こそ世界が解決すべき最重要の知的課題だとした。ただし685ページにもおよぶ大作なので読むのには根気がいるかもしれない。彼の同僚でもあるフランシス・ブルギュイノンの『*The Globalization of Inequality*』（Princeton: Princeton

University Press, 2015）は、グローバルな視点から「より良いグローバリゼーション」について議論をしており、現実の問題に結びつけやすいかもしれない。そして非常に素晴らしく、かつ手に取りやすい書物に、ブランコ・ミラノヴィッチの『不平等について——経済学と統計学が語る26の話』（みすず書房、2012年）がある。ミラノヴィッチは、不平等の測定においては世界でも一流の研究者でもあるので、『大不平等——エレファントカーブが予測する未来』（みすず書房、2017年）もぜひ手に取ってみてほしい。

ピーター・シンガーの『グローバリゼーションの倫理学』（昭和堂、2005年）では、道徳哲学における平等性や持続可能性が、わかりやすくまとめられている。ジェフリー・サックスは『*The Age of Sustainable Development*』（New York: Columbia University Press, 2015）で、単なる机上の理論にとどまるのではなく、行動に繋げることを想定した倫理的なフレームワークも活用した分析理論を用いながら、私たちが抱えるすべての課題を１冊の本に詰め込んでくれている。しかし彼に対しては多くの批評・批判があることは知っておく必要がある。最後に、もしも国際開発に関するさまざまな問題の詳細について知りたければ、52名の専門家が分担して執筆している、ブルース・キュリーオルダー、ラヴィ・カンバー、デイビッド・マルーン、ロヒントン・メドーラの『*International Development: Ideas, Experience and Prospects*』（Oxford: Oxford University Press, 2014）を読んでみてほしい。